弗洛姆：用爱与世界对抗

大师开讲

赵良杰 编著

全国百佳图书出版单位
时代出版传媒股份有限公司
黄山书社

图书在版编目（CIP）数据

大师开讲·弗洛姆：用爱与世界对抗／赵良杰编著．-- 合肥：黄山书社，2014.5

ISBN 978-7-5461-4444-3

Ⅰ．①大… Ⅱ．①赵… Ⅲ．①弗洛姆，E.（1900～1980）－语录 Ⅳ．①K811

中国版本图书馆 CIP 数据核字（2014）第 076952 号

DASHI KAIJIANG·FULUOMU YONG AI YU SHIJIE DUIKANG

大师开讲·弗洛姆：用爱与世界对抗　　赵良杰　编著

出品人	任耕耘
选题策划	任耕耘　杨　雯
责任编辑	张月阳
特约编辑	李晓阳　赵迪秋
装帧设计	齐　娜
出版发行	时代出版传媒股份有限公司（http：//www.press-mart.com） 黄山书社（http：//www.hspress.cn）
地址邮编	安徽省合肥市蜀山区翡翠路 1118 号出版传媒广场 7 层 230071
印　刷	安徽国文彩印有限公司
版　次	2015 年 6 月第 1 版
印　次	2015 年 6 月第 1 次印刷
开　本	880mm×1230mm　1/32
字　数	120 千
印　张	7.5
书　号	ISBN 978-7-5461-4444-3
定　价	28.00 元

服务热线　0551-63533706

销售热线　0551-63533761

官方直营书店（http://hsssbook.taobao.com）

目录

“见微知萌”的生活大师（代序）

艾瑞克·弗洛姆(Erich Fromm, 1900—1980)，是一位著名的美籍德裔人本主义哲学家和精神分析心理学家，毕生致力于修正弗洛伊德的精神分析学说，被尊为“精神分析社会学”的奠基人。

弗洛姆是一位生活的大师，他往往能从生活中的小事出发，发现人生的大智慧，正如韩非子所说：“圣人见微以知萌，见端以知末，故见象箸而怖，知天下不足也。”（战国·韩非《韩非子·说林上》）这与弗洛姆多年的心理学临床经验是分不开的。因此，他的思想观点与当代人的生存处境息息相关，更具有直击心灵的作用。

弗洛姆思想的核心是人，是人在现代社会中的生存处境，是人内心的困惑和欲望。在弗洛姆的著作中，我们可以看到与人类生存息息相关的所有问题，寻得解答每个人生活困惑的答案，诸如生活的意义何在，什么才是真正的爱，如何面对未知的未来，怎样才能寻得人生的幸福，等等。

弗洛姆是一个细腻的人。爱，是他倾尽心力关注和探究的人生课题。在弗洛姆看来，爱是一门艺术。人们应该有这方面的知识并愿意为此付出努力。“人们要学会如何去爱，就得像学习其他艺术——如音乐、绘画、木工或者医疗技术一样行动。”否则，当你爱的人不爱你的时候，就只能怪你自己没有认真培养“爱的能力”了。为此，弗洛姆焦急地责备人类“一方面渴望爱，另一方面却把其他的东西，如成就、地位、名利和权力，看得远重于爱，几乎把所有的精力都用于努力达到上述目的，却很少用来学习爱这门艺术”。

弗洛姆是一个勇敢的人。面对权威，面对生死，他都能够做到泰然自若。弗洛姆认为，我们在生活中遇到的权威有“合理的权威”和“不合理的权威”之分。“合理的权威以能力为基础，能够帮助那些需要权威扶持的人成长起来；不合理的权威则是建立在权力的基础之上，并用来剥削那些顺从于权威的人。”可惜的是，在生活中，我们往往忽视合理的权威，而盲目崇拜那些不合理的权威，只要有人获得了某些头衔，我们就以为他具备了与之相匹配的能力，其结果往往是闹出令人尴尬的笑话。就像弗洛姆所说，“即使这位国王浑身一丝不挂，人们还是相信他穿着漂亮的衣裳”。对于人“终有一死”的结局，弗洛姆也有他独到的看法。他认为：“假如人的安全感建立在他所占有的东西的基础之上，那么他也就不可避免地要害怕失去这些占有物。”所以面对不可避免的死亡，弗洛姆奉劝大家“不要死死地抓住生命不放，不要把生命视为一种财产”。佛家有语：“所行非常，谓兴衰法，夫生辄死，此灭为乐。譬如陶家，埏埴作器，一切要坏，人命亦然。如河驶流，往而不返；人命如是，逝者不还。”死亡就像陶器损坏，河水流逝一样，是再自然不过，也无法改变的事情，坦然面对，顺其自然就好。

弗洛姆更是一个智慧的人。生活中，我们常常为各种各样的世俗目光所累，为接连不断的人生目标而奔忙，却还是摆脱不了内心的空虚和不安。弗洛姆一针见血地指出了问题所在：现代人想要的太多了。“在学校时，他们想要高分数；到了社会上，他们想要事业成功，赚大钱，有声望，买更好的汽车，到各地观光等等。然而，如果他们能在这种疯狂活动的当儿停下来想一想，他们便会想到这个问题：‘如果我们真的获得了这项新工作，如果我有了这部比较好的汽车，如果我能去旅行——以后又怎样呢？’”是啊，我们实现了这些目标以后，又能怎么样呢？这原本就是世俗强加给我们的目标，而不是我们内心真正想要的东西呀。

弗洛姆就是这样一个人，这样一位大师。在众多对20世纪人类生存状况的分析和反思中，弗洛姆的研究和思想别具一格。他从不做高深的理论体系构建，也不说深奥难懂的专业术语，他的研究对象多是你我熟知的生活场景，他的思想观点多是深入浅出的人生智慧，体现出了心灵大师的思想深度和语言大师的文字功底。

本书发掘了弗洛姆著作中最为闪光、最契合现代人心灵状态的文字，并加以适当解说，按照主题分为“爱的艺术”“人生的智慧”“心灵的奥秘”和“幸福的指针”四个章节。聆听弗洛姆的教诲，我们一定能够获得面对人生困惑的智慧，重新寻得心灵的宁静和快乐。

第一章 爱的艺术

人永远离不开爱。但人最容易忽视的恰恰就是身边的爱。我们总是生活在各种关于爱的情感的围绕之中：父爱、母爱、爱情、博爱、友爱……各种各样爱的情感让我们感受到，我们所生活的世界是我们真正的家园，而不是一个陌生的、与我们无关的感情荒漠。

弗洛姆敏锐地捕捉到了爱在人生命中的重要地位，通过对各种“爱”的感情的分析，得出了很多发人深省的结论。弗洛姆认为，爱是人生存的根本基石，缺乏爱不仅会导致人的性格扭曲、精神变态和人格缺陷，而且还会使人对自我存在的价值产生深深的怀疑。这就是为什么那些在物质世界中呼风唤雨的人物却不一定能体会到幸福的原因。因为他在爱的世界里是一个彻彻底底的失败者。而且，在弗洛姆看来，正因为他将自己的主要精力都投放在物质功利世界中，甚至将爱作为换取物质世界成功的工具，他就更容易失去爱的能力。因为物质功利世界是为爱的世界服务的，而不是相反。

在当今社会，随着物质利益日益成为人们追逐的焦点，爱的世界变得越发岌岌可危。正是在面对这种爱的世界沦陷的危险时，弗洛姆大声疾呼，力图通过他的文章和著作提醒我们回到爱的世界。

现在，就让我们在弗洛姆的箴言中学习什么是爱，如何去爱吧，我们的生活定会因此而焕然一新！

友谊长存的秘诀

自进入工业时代以来，几代人一直把他们的信念和希望建立在无止境的进步，这一伟大允诺的基石之上。他们期望在不久的将来能够征服自然界，让物质财富涌流，获得尽可能多的幸福和无拘无束的个人自由。人通过自身的积极活动来统治自然界从而开始了人类文明。但是，工业时代到来以前，这种统治一直是有限的。人用机械能和核能取代了人力和兽力，又用计算机代替了人脑，工业上的进步使我们更为坚信，消费是无止境的，技术可以使我们无所不能，科学可以使我们无所不知。于是，我们都成了神，成了能够创造第二个世界的人。为了新的创造，我们只需把自然界当作建筑材料的来源。（《占有还是生存》）

人与大自然的关系和人与人的关系是相似的。礼尚往来，彼此关怀，懂得珍惜，感情才能长长久久。

知足才能常乐

实际上，工业社会从来就未能兑现它的伟大允诺，越来越多的人认识到：无限制地去满足所有的愿望并不会带来欢乐和极大的享乐，而且也不会使人生活得幸福。（《占有还是生存》）

人的心愿从来都没有止境，欲望也从来都没有尽头。所以，只有学会珍惜并感恩每一个被满足的愿望，你的人生才会充满快乐。正如古希腊大哲学家苏格拉底所言："只期盼少许，才能接近最高的幸福。"

爱是一门艺术

爱是一门艺术吗？如果爱是一门艺术，那就要求人们有这方面的知识并付出努力。或者爱仅仅是一种偶然产生的令人心旷神怡的感受，只有幸运儿才能“坠入”爱的情网？这本小册子以第一种假设为基础，而大多数人毫无疑问地相信第二种假设。但这大多数的人绝不认为爱情无关紧要，相反他们追求爱情。悲欢离合的爱情电影他们百看不厌，百般无聊的爱情歌曲他们百听不烦。但他们之中没有人认为，人们本可以学会去爱。（《爱的艺术》）

爱是一种艺术，一种必须怀着奉献的精神和带着谦卑的态度来培养和练习的艺术：爱既需要知识，也需要努力。（《爱的艺术》）

爱不是简简单单的喜欢，也不是盲目地、一味地付出，而是经过理性思考和认真规划之后的努力和奉献。它需要持之以恒地努力学习和不厌其烦地反复练习。学习的内容可能涉及社会学、心理学、人际沟通学等学科的方方面面，学习的时间是一辈子。

婚姻还是爱情

产生在爱这件事上一无可学这一看法的原因，是人们认为爱的问题是一个对象问题，而不是能力问题。他们认为爱本身十分简单，困难在于找到爱的对象或被爱的对象。产生这一看法有多种原因，这些原因的根源基于现代社会的发展。其中一个原因是二十世纪在选择“爱的对象”方面所发生的巨大变化。十九世纪，在许多传统的文化中，爱情往往不是自发的、最后导致婚姻的个人经历。婚姻多半是通过男女双方的家庭、介绍人或者在没有撮合者的情况下以条约的方式确定下来并进行的。婚姻要门当户对。至于爱情，人们认为在婚后自然而然就会产生。但最近几十年来，浪漫式的爱情这一概念在西方世界已被普遍承认。（《爱的艺术》）

在自由恋爱的时代，如何寻找爱或被爱的对象是困扰很多年轻人的问题。解决的途径有很多种，每个人或许都有自己的方法。而真正的考验，在于你寻得了那个和你相爱的人之后，如何能够让爱长长久久。

婚姻也是一场交易

当男女双方感觉到在考虑他们本身的交换价值的情况下，已经找到市场上所提供的最合适的对象时，他们就开始相爱。在这笔交易中，如同购买地皮一样，对方的有发展前途的潜力也起到很大的作用。在一个商业化占统治地位以及把物质成功看得高于一切的文化中，事实上是没有理由对下列事实抱有吃惊态度的：人与人之间的爱情关系也遵循同控制商品和劳动力市场一样的基本原则。（《爱的艺术》）

我们不得不承认，在选择结婚对象的时候，我们考虑的因素和在市场上购买一件商品时考虑的因素十分相似。

婚姻的确是一场交易，但要想幸福，在这场交易里，我们不仅要交换物质条件，更要交换彼此的真心。

激情不等于爱情

产生在爱情这件事上一无可学这一错误看法的原因，是人们不了解“坠入情网”和“持久的爱”的区别。如果我们用 falling in love 和 being in love 这两个英文短语也许就能更清楚地区分这两个概念。两个迄今为止同我们一样是相互陌生的人，当他们突然决定拆除使他俩分隔的那堵高墙，相许对方，融为一体时，他俩相结合的一刹那就成为最幸福、最激动人心的经历。……这种男女之间突如其来的奇迹般的亲密之所以容易发生，往往是同异性的吸引力密切相关或者恰好是由此而引起的。但这种类型的爱情就其本质来说不可能持久。这两个人虽然熟谙对方，但他俩之间的信任会越来越失去其奇迹般的特点，一直到隔膜、失望和无聊把一息尚存的魅力都抹掉为止。当然一开始双方都不会想到这点。事实是人们往往把这种如痴如醉的入迷、疯狂的爱恋看作是强烈爱情的表现，而实际上这只是证明了这些男女过去是多么的寂寞。（《爱的艺术》）

作为年轻人，我们更容易相信，也更愿意相信的是“一见钟情”。我们以为那些让我们“坠入情网”的神秘激情、那种心花怒放的感觉就是爱情。但是，真正的爱情必须面对激情消退后平淡琐碎的日常生活。仅仅有激情，爱情是无法长久的。

学习爱情

再也找不出一种行为或一项行动像爱情那样以如此巨大的希望开始，又以如此高比例的失败而告终。如果是别的事，人们会想方设法找出失败的原因，吸取教训，以利再战或者洗手不干。但因为人们不可能永远放弃爱情，所以看起来只有一条可行的路，那就是克服爱情的挫折，找到原因并去探究爱情的意义。在这方面采取的第一个步骤是：认识爱情是一门艺术。人们要学会爱情，就得像学其他的艺术——如音乐、绘画、木工或者医疗技术一样地行动。（《爱的艺术》）

要想学好一门艺术，我们需要经历认真模仿、刻苦钻研、心怀敬畏等必然的过程，然后才有可能修成正果。面对爱情和婚姻也需如此。

时间的回报

要成为大师，除了学习理论和进行实践外，还有第三个必不可少的因素，即要把成为大师看得高于一切，这一目标必须占据他整个身心。这一点既适用于音乐、医学、雕塑——也适用于爱情。这里也许就解释了，为什么在我们这个社会，有不少人经常不断地遭受爱情的挫折，却很少有人去努力学会爱情这门艺术。人们一方面渴望爱情，另一方面却把其他的东西，如成就、地位、名利和权力看得重于爱情。我们几乎把所有的精力都用于努力达到上述目的，却很少用来学习爱情这门艺术。（《爱的艺术》）

有这样一句话：“你把时间花在什么地方，就会成为什么样的人。”在如今这个物欲横流的现实世界，越来越多的人宁愿把时间花在经营人脉、追名逐利、钩心斗角上，也不愿多关心一下自己爱的人，那么又有什么理由抱怨爱情的虚幻和短暂呢？

人不是工具

“平等”这个概念在宗教中意味着我们都是上帝之子，都是人——上帝本质的一部分，都是一体的。同时也意味着应该尊重人与人的区别，因为我们虽然是一体，但每个人又都是只存在一次的完整体，是自成一体的宇宙。……在西方启蒙运动的哲学中，平等指的是发展个性的条件。康德清楚地说明了这点。他认为人永远不应该是实现他人目标的工具，人本身就是一个目标，而不是他人的工具，从这个意义上来说，所有的人都是一样的。同启蒙运动的思想相仿，不同流派的社会主义思想家都把平等解释为消灭剥削和人使用人，不管这种使用是残酷的还是“人道的”。（《爱的艺术》）

每个生命都是一个完整的世界，人的存在本身就是目标，而不应该成为实现他人目标的工具，哪怕是实现伟大理想的工具，都会使人自身的独立价值受到损害。

所以，学会尊重他人、尊重自己吧，不论是他人还是自己，都比我们想象的更重要。

真正的平等

现代社会鼓吹实现非个性化的平等理想，因为这个社会需要“人——原子”，这些原子相互之间没有区别，汇集起来也能毫无摩擦地顺利发挥作用，他们都服从同一个命令。尽管如此，每个人却都确信他们是在按自己的意愿办事。就像现代化的大规模生产要求产品规格化，社会的发展也要求人的规格化，并把这称为“平等”。（《爱的艺术》）

平等并不是完全的同化，而是指发挥自身独特的品质、展现独立个性的自由。例如，真正的男女平等并不是指男女完全相同，而是允许男性和女性根据自身特点，拥有自由选择生活、工作，以及参与社会活动的权利。

在一个真正平等的社会，人应该是多种多样，而非一模一样的。

唯有爱能消除孤独

通过创造性的劳动达到的统一不是人与人之间的统一。通过纵欲达到的统一是暂时的。通过同一组人在一起和适应这一组人达到的统一仅仅是一种假统一。对人类存在的问题真正的和全面的回答是要在爱中实现人与人之间的统一。（《爱的艺术》）

弗洛姆认为，人类常用的摆脱孤独的三种方式，都不能让人实现真正的与他人的统一。唯有爱，能让所有的人从心底靠近彼此，走到哪里，都不会孤独。因为，你知道，不论走到哪里你的快乐总会有人祝福，你的悲伤总会有人分担。

爱如氧气

要求实现人与人的结合是人内心最强烈的追求。这是人类最基本的要求，是一股把人类、部落、家庭和社会集合在一起的力量。没有实现这一要求就意味着疯狂或者毁灭——毁灭自己或毁灭他人。没有爱，人类一天也不可能生存。（《爱的艺术》）

爱，不仅是人类消除孤独感的重要方式，也是确立自我价值的重要手段。不论是“爱人”还是“被爱”，我们都会觉得生活充满了意义，生命充满了价值。所以说，爱如氧气，没有爱，人类一天也活不下去。

爱从来只和爱有关

经商的人，学医的人，流水作业线上的工人，做椅子的木匠或者运动员都是积极活动的人。他们活动的共同点都是为了达到一个外部的目的。但这里我们都没有考虑产生积极性的根源。我们可以举一个例子加以说明。有的人由于内心极度的不安或者孤独而狂热地工作，有的人则是为了升官发财。在这种情况下这个人就是一种狂热、一种热情的奴隶，而他的“积极性”实际上是一种“消极性”，因为他是受外力的驱使。他是一个受苦的人，而不是一个“行动”的人。（《爱的艺术》）

当你做一件事，只是因为喜欢做，只是因为想把它做好而做的时候，你就是真正地爱它。“爱”从来都和金钱、名利、打发时间等任何明确的目的无关，不论是“爱事”还是“爱人”，都是如此。

“给”的快乐

爱情是一种积极的，而不是消极的情绪。一般来说可以用另一种说法来表达，即爱情首先是给而不是获得。什么是“给”？这个问题看起来似乎很容易回答，实际上却很复杂并有双层意义。十分流行的误解是把“给”解释为放弃，被别人夺走东西或做出牺牲。一个性格上还没有超越接受、利用或者贪婪阶段的人对“给”的理解就是这样。一个“重商主义”的人也准备“给”，但一定要通过交换。只“给”而没有“得”对他来说就是欺骗。那些基本上是非生产性性格结构的人则会有一种被别人拿走东西的感觉。因此这种类型的大多数人拒绝给予别人东西。……有创造性的人对“给”的理解完全不同。他们认为“给”是力量的最高表现，恰恰是通过“给”，我才能体验我的力量、我的“富裕”、我的“活力”。体验到生命力的升华使我充满了欢乐。（《爱的艺术》）

父母给子女任何东西，甚至生命，都是心甘情愿并快乐无比的。什么时候，如果我们也能不计回报地、快乐地给予别人他们所需要的东西，那我们就真的明白了什么是“爱”，学会了如何“去爱”。

如何让别人爱上你

一个人究竟能给予别人什么呢？他可以把他拥有的最宝贵的东西——他的生命给予别人。但这并不意味着他一定要为别人献出自己的生命，而是他应该把他内心有生命力的东西给予别人。他应该同别人分享他的欢乐、兴趣、理解力、知识、幽默和悲伤——简而言之，一切在他身上有生命力的东西。通过他的“给”，他丰富了他人，在提高自己生命感的同时，他也提高了对方的生命感。他“给”并不是为了“得”，但是通过他的“给”，不可避免地会在对方身上唤起某种有生命力的东西，双方都会因为唤醒了内心的某种生命力而充满快乐。这一点表现在爱情上就是：没有生命力就是没有创造爱情的能力。（《爱的艺术》）

要想让别人爱上你，你不仅要先爱别人，还要爱自然、爱生活、爱自己。当一个人的内心充满了爱的时候，他就会呈现出对生活的极大热情和旺盛的生命力，那种积极向上的魅力会让所有人着迷。

同对方建立创造性关系

先哲有言：“如果你以为人就是人，以及认同世界的关系是一种充满人性的关系，那么你只能用爱去交换爱，用信任换取信任。如果你想欣赏艺术，你必须是一个有艺术修养的人；如果你想对他人施加影响，你必须是一个能促进和鼓舞他人的人。”不仅仅在爱情上“给”意味着“得”。教师向他的学生学习，演员受到观众的鼓舞，精神分析学家通过治愈他人的病而治愈自己的病也都如此，先决条件是给的人不应该把对方看作是他帮助的对象，而应该同对方建立一种真正的、创造性的紧密关系。（《爱的艺术》）

以功利的方式对待对方，就是把他人看作交易的对象，其结果必然是冷漠和争斗。在创造性的关系中，“给”从来都不意味着失去，“给”意味着“得”，意味着在互助中共同进步。

克服自身的依赖性

有没有能力把爱情作为一种给的行为，取决于人的性格发展，这一事实似乎没有必要加以强调了。取得这一能力的先决条件是人要有一种占主导地位的生产性倾向。持有这种态度的人就克服了他的依赖性和自恋性。“自恋”必先于他恋，这主要表现在儿童把与生俱来的力比多用到自己身上以及剥削别人的要求，并能找到对自己的人性力量的信赖以及达到目的的勇气。如果缺乏这些特点，人们就害怕献出自己，也就是害怕去爱。（《爱的艺术》）

在人的性格发展过程中，能否克服依赖性，是个人成熟与否的重要标志，也是个人是否有能力去爱的重要体现。

爱的本质是创造和培养

在母爱中关心的要素表现得最为突出。如果有一个母亲拒绝给孩子喂食、洗澡和关心他身体的舒适，那么无论这位母亲如何强调她对孩子的爱，也不会有人相信她。但如果她关心孩子，她的爱就令人可信了。对动物和植物的爱亦是如此。如果有一位妇女对我们说她很爱花，可是我们却发现她忘记浇花，我们就不会相信她说的话。爱情是对生命以及我们所爱之物生长的积极的关心。如果缺乏这种积极的关心，那么这只是一种情绪，而不是爱情。……爱的本质是创造和培养，爱情和劳动是不可分割的。人们爱自己劳动的成果，人们为所爱之物而劳动。（《爱的艺术》）

爱需要用行动来体现。如果没有行动，爱就只是一句空话。不要说自己的内心多么有爱，为你爱的东西付出和努力才是最真实和重要的，不论对你爱的人，还是工作，都是如此。

责任心是自觉的行动

关心和关怀还包括爱情的另一方面，即责任心。今天人们常常把责任心理解为义务，是外部强加的东西。但是责任心这个词的本来意义是一件完全自觉的行动，是我对另一个生命表达出来或尚未表达出来的愿望的答复。“有责任”意味着有能力并准备对这些愿望给予回答。……我应对其他的人负责就像对自己负责一样。这种责任心在母子关系中主要表现在母亲对孩子生理要求的关心。在成人之间则也包括关心对方的精神要求。（《爱的艺术》）

责任不等同于义务，而应是一种发自内心的自觉自愿的行动。我们共同生活在这个世界上，对彼此的生活和生命都负有责任，哪怕你我之间只是陌生人，也应该从心底期待为彼此的幸福和快乐努力。

爱需要尊重和自由

如果爱情没有第三个要素：尊重，那责任心就很容易变成控制别人和奴役别人的借口。尊重别人不是惧怕对方。“尊重”这个词的出处就是有能力实事求是地正视对方和认识他独有的个性。尊重就是要努力地使对方成长和发展自己，因此尊重决无剥削之意。我希望一个我爱的人以他自己的方式和为了他自己去成长、发展，而不是服务于我。如果我爱他人，我应该感到和他一致，而且接受他本来的面目，而不是要求他成为我希望的样子，以便使我能把他当作使用的对象。只有当我自己达到独立，在没有外援的情况下独立地走自己的路，即不想去控制和利用别人，只有在这种情况下，尊重对方才成为可能。只有在自由的基础上才会有爱情，正像在一首古老的法国歌曲中唱得那样“爱情是自由之子，永远不会是控制的产物”。（《爱的艺术》）

相互尊重，让彼此成为平等的主体，才是爱情的真谛。否则，爱情就无法成为发自内心的自主活动。

其实，不仅是男女之间的爱情，任何人与人之间的感情，都只有建立在相互尊重、彼此自由的基础之上，才有可能长久。

忘掉自己才能了解他人

如果不以了解为基础，关心和责任心都会是盲目的，而如果不是从关怀的角度出发去了解对方，这种了解也是无益的。了解的方式多种多样。成为爱情第一要素的了解是要深入事物的内部，而不是满足于一知半解。我只有用他人的眼光看待他人，而把对自己的兴趣退居二位，才能了解对方。譬如：我可以知道这个人在生气，即使他自己不表露出来。但我还可以更进一步地去了解他，然后就知道，他很害怕和不安，他感到孤独和受到良心的谴责。这样我就明白他的生气只是他内部更深的东西的反映，这时我眼中的他不再是一个发怒的人，而是一个处在恐惧和惶恐不安之中的受苦的人。（《爱的艺术》）

不论是惠子的"子非鱼，安知鱼之乐"（战国·《庄子·秋水》），还是庄子的"子非我，安知我不知鱼之乐"（战国·《庄子·秋水》），都告诉我们一个道理：要想真正地了解一个人，必须抛掉自己的主观看法，忘掉自己才能靠近他人。

认识世界的方法

施虐癖的产生是为了了解秘密，但一无所得。我把一个生命一块一块地解体，我所能达到的就是这一生命被破坏。在孩子身上我们经常能看到这条通向知识的捷径。孩子随手拿起一样东西，把它弄坏，以便认识这样东西。譬如他抓到一个蝴蝶，就很残忍地把翅膀折断，他要认识蝴蝶，迫使它交出自己的秘密。在这儿残暴有一个较深的动机：那就是希望认识事物和生命的秘密。只有爱才能带给我知识，在结合的过程中回答我提出的问题。在爱中，在献身中，在深入对方中，我找到了自己，发现了自己，发现了我们双方，发现了人。（《爱的艺术》）

“糖衣炮弹”之所以具有强大的杀伤力，正是因为它披着“爱”的外衣，而“爱”是最容易让人敞开心扉的，暴力反而会激起激烈的反抗。所以，要想认识他人、认识世界，最好的办法就是爱他人、爱世界，然后带着耐心慢慢等待。

爱比理智更强大

我们认识到大脑获取的知识是有一定限度的，而且这种限度绝非偶然。另外我们还知道，我们永远不可能靠智力来了解人和宇宙的秘密，但可以通过爱去把握它。心理学作为一门科学有其局限性，就像神学的逻辑结论是神秘主义，心理学的最终结论就是爱。关心、责任心、尊重和了解是相互依赖的。在成熟的人身上可以看到这些态度的集中表现。成熟的人就是指能够创造性地发挥自己力量的人。成熟的人只想拥有他自己的劳动果实，放弃了获取全力和全知的自恋幻想，并有一种谦恭的态度。这一态度的基础是他内心的力量，单单这股力量就能使他进行真正的、创造性的劳动。

如果仅仅以理智的方式审视世界，人类就只能认识外部世界，而不能洞悉人内心的秘密；只能理解外部宇宙，而不能理解人内心的宇宙。只有通过爱，通过内心的力量，全宇宙的秘密才会向我们敞开。

和母爱说再见

母爱的体验是一种消极的体验。我什么也不做就可以赢得母亲的爱，因为母亲是无条件的，我只需要是母亲的孩子。母爱是一种祝福，是和平，不需要去赢得它，也不用为此付出努力。但无条件的母爱有其缺陷的一面。这种爱不仅不需要用努力去换取，而且也根本无法赢得。如果有母爱，就有祝福；没有母爱，生活就会变得空虚——而我却没有能力去唤起这种母爱。（《爱的艺术》）

除了父母的爱，这世界似乎没有什么爱是真正无条件的了。但也正因为从小沐浴在这种无条件的爱中，我们会以为别人爱我们是理所当然的，爱会是永恒的，直到有一天，我们被别人狠狠地伤害或欺骗。

所以，适时地离开母爱的保护，独自面对人生和社会，是我们成熟的第一步。我们应该珍惜而不能过于迷恋母爱，否则，我们永远也无法真正长大。

成熟的标志

大多数八岁到十岁的儿童，他们的主要问题仍然是要被人爱，无条件地被人爱。儿童发展到这一阶段就会出现一个新的因素——一种新的感情，那就是要通过自己的努力去唤起爱。孩子第一次感到要送给母亲（或父亲）一样东西——一首诗、一张画或者别的东西。在他的生活中，爱的观念第一次从“被人爱”变成“爱别人”和“创造爱”。但从爱的最初阶段到爱的成熟阶段还会持续许多年。进入少年时代的儿童最终会克服他的自我中心阶段，他人就不会再是实现个人愿望的工具，他人的要求同自己的要求同等重要——事实上也许更为重要。“给”比“得”更能使自己满足，更能使自己快乐，爱要比被爱更重要。通过爱他就会从由自恋引起的孤独中解脱出来，他开始体验关心他人以及同他人的统一，另外还能感觉到爱唤起爱的力量。他不再依赖于接受爱以及为了赢得爱必须使自己弱小、孤立无援、生病或者听话。天真的、孩童式的爱情遵循下列原则：“我爱，因为我被人爱。”成熟的爱的原则是：“我被人爱，

因为我爱人。”不成熟的、幼稚的爱是：“我爱你，因为我需要你。”而成熟的爱是：“我需要你，因为我爱你。”（《爱的艺术》）

一个人成熟的标志并不在于获得他人的爱，而是具备爱的能力；不在于改变自己以求让他人喜欢，而在于勇敢地展示自己，并积极地去爱别人。

无条件的母爱

母爱就其本质来说是无条件的。母亲热爱新生儿，并不是因为孩子满足了她的什么特殊的愿望，符合她的想象，而是因为这是她生的孩子。无条件的母爱不仅是孩子，也是我们每个人最深的渴求。从另一个角度来看，通过努力换取的爱往往会使人生疑。人们会想：也许我并没有给那个应该爱我的人带来欢乐，也许会节外生枝——总而言之人们害怕这种爱会消失。此外靠努力换取的爱常常会使人痛苦地感到：我之所以被人爱是因为我使对方快乐，而不是出于他自己的意愿——归根结蒂我不是被人爱，而是被人需要而已。鉴于这种情况，因此我们所有的人，无论是儿童还是成年人，都牢牢地保留着对母爱的渴求，是不足为奇的。（《爱的艺术》）

我们常常期待如母爱般真挚的、无条件的爱，但越长大，我们就越会明白，这种爱是不可能再遇到的。

母爱与父爱之间的差别

母亲是我们的故乡，是大自然、大地和海洋，而父亲不体现任何一种自然渊源。在最初几年内孩子同父亲几乎没有什么联系，在这个阶段父亲的作用几乎无法同母亲相比。父亲虽然不代表自然世界，却代表人类生存的另一个极端：思想的世界，人所创造的法律、秩序和纪律等事物的世界。父亲是教育孩子，为孩子指出通往世界之路的人。（《爱的艺术》）

在弗洛姆的思想中，母爱与父爱不仅是人类必然领受的两种爱的类型，而且是人类对待世界的两种基本态度。不仅在个体生存中，母爱与父爱不可欠缺，而且在人类历史上，这两种对待世界的态度也需要和谐共处。在家庭教育中，如何让母爱和父爱都恰当地发挥它们的作用，是每位父母都必须认真考虑的。

父爱是有条件的

同父亲作用紧密相关的，是另一个同社会经济发展有关的作用。随着私有制以及财产由一个儿子继承的现象出现，父亲就对那个将来要继承他财产的人特别感兴趣。父亲总是挑选他认为最合适的儿子当继承人，也就是与他最相像、最得他欢心的那个儿子。父亲是有条件的爱。父亲的原则是：“我爱你，因为你符合我的要求，因为你履行你的职责，因为你同我相像。”正如同无条件的母爱一样，有条件的父爱有其积极的一面，也有其消极的一面。消极的一面是父爱必须靠努力才能赢得，在辜负父亲期望的情况下，就会失去父爱。父爱的本质是：顺从是最大的道德，不顺从是最大的罪孽，不顺从者将会受到失去父爱的惩罚。父爱积极的一面也同样十分重要，因为父爱是有条件的，所以我可以通过自己的努力去赢得这种爱。与母爱不同，父爱可以受我的控制和努力的支配。（《爱的艺术》）

如果说母爱是感性的，那么父爱则是理性的。父爱是有条件的，它用一种严肃的方式告诉你，人不可能永远生活在母爱的庇护之下，必须通过自己的努力争取更大范围内的认可，而这也是人成长的必经之路。

维持父爱与母爱的平衡

如果母亲性情冷淡、麻木不仁或者十分专制，孩子就会把对母爱的需要转移到父亲身上，就会变成单一地向父亲方向发展的人。这样的人往往只服从于法律、秩序、权威的原则，却没有能力希望或者得到无条件的爱。如果他的父亲很有权威，同他的关系又很密切，就更会加强他的这一发展。其他的调查也得出这样的结论：某些形式的神经病，如强迫性神经病同患者与父亲的单一联系有关，而另一些病状，如歇斯底里、酗酒、不能面对现实生活和厌世则是由患者同母亲的单一联系所致。（《爱的艺术》）

人从同母亲的紧密关系发展到同父亲的紧密关系，最后达到综合，这是人的灵魂健康发展并最终达到成熟的基础。教育孩子的过程也是父母自我检讨、自我成长的过程，孩子身上的问题往往反映着父母的性格缺陷。

爱是一种对待世界的态度

爱首先不是同一个特殊的人的关系，更多的是一种态度、性格的倾向。这种态度决定一个人同整个世界，而不是同爱的唯一“对象”的关系。如果一个人只爱他的对象，而对其他的人无动于衷，他的爱就不是爱，而是一种共生有机体的联系或者是一种更高级意义上的自私。尽管如此，大多数人都认为爱情取决于对象，而不是能力。……可以把这一态度同想画一张画的人的想法作一比较：这个人虽然想画画，但他不是去学绘画这门艺术，而是强调他首先要找到他愿意画的合适的对象。如果他找到了这么一样东西，他也就能画了。如果我确实爱一个人，那么我也爱其他的人，我就会爱世界，爱生活。如果我能对一个人说“我爱你”，我也应该可以说：“我在你身上爱所有的人，爱世界，也爱我自己。”（《爱的艺术》）

真正的爱不是针对一个人的狭隘的爱，而是以自己的灵魂去体验世界、与世界交融的态度。真正懂得爱的人，会先爱自己、爱生活、爱世界，然后才会去爱一个具体的人。

一切爱的形式都以博爱为基础

一切爱的形式都以博爱为基础。我指的博爱就是对所有的人都有一种责任感，关心、尊重和了解他人，也就是愿意提高其他人的生活情趣。这也是《圣经》里提到的一种爱的方式：爱他人应如爱己。博爱的基础是认识到我们所有的人都是平等的。同人共有的核心相比，人与人之间在才能、智力和知识上的差别微不足道。要了解这种人共有的核心，必须要深入了解人，而不是停留在表面。如果我只看到一个人的表面，那我看到的是使我和他分开的主要差别。如果我了解到他的本质，我就会看到我们的共性、我们是兄弟这一事实。这样的一种核心对核心的关系——用来取代表面对表面的关系——是一种“中心关系”。（《爱的艺术》）

博爱是对所有人同等的爱，但这并不是要求我们以同样的方式对待所有人。博爱要求我们以灵魂交换灵魂、以爱交换爱来实现人的团结和统一。只有这样，人类世界才会充满温暖，一切毁灭世界的欺诈、战争、压迫、剥削才会消失。

学会去爱陌生人

对需要帮助的人，对穷人和陌生人的爱是博爱的基础。爱自己的骨肉不足为奇。每个动物都爱自己的后代并照料他们。软弱的人爱自己的主子，因为他靠主子为生；孩子爱自己的父母，因为他需要他们。只有当我爱那些与我个人利益无关的人时，我的爱才开始发展。（《爱的艺术》）

爱的伟大并不仅仅体现在对与自己密切相关的人的爱上，而且体现在对陌生人的关爱之中。其实，爱一个陌生人并没有想象中那么难，因为我们每个人都曾孤独过、伤心过、愤慨过。带着同理心去看每一个陌生人，就会发现每个人都是那么熟悉，都是那么值得去爱。

培养孩子对生命的热爱

正如我已经说过的那样，母爱是对幼儿的生活和需求作出的毫无保留的肯定。但这里还应该补充说明一点。对幼儿生命的肯定应该包括两个方面：一方面是必须关心幼儿并对其成长负有责任，以维护和发展弱小生命。另一方面则超出了维护生命的范围，那就是要使孩子热爱生活，要使他感到：活着是多么美好！当一个小男孩或小女孩有多么好！在这个世界活着有多么美好！……母亲要赋予孩子对生活的爱，而不仅仅是活下来的愿望。同样的思想也体现在《圣经》的另一个故事里。乳汁象征母爱的第一个方面：对生命的关心和肯定。蜂蜜则象征生活的甘美：对生活的爱和活在世上的幸福。（《爱的艺术》）

大多数的母亲有能力给予"乳汁"，只有少数的母亲除"乳汁"外还能给予孩子"蜂蜜"。为了能给予孩子"蜂蜜"，她不仅应该是一个爱孩子的好母亲，同时也应该是一个热爱生活、从心底感到幸福的人。但又有多少母亲能达到这样的状态呢？

警惕母爱的异化

大多数的妇女希望生孩子，因孩子的诞生而感到幸福，并且急不可待地希望自己来照料孩子，尽管她们除了孩子脸上的笑容和满意的表情外一无所得。看起来母亲之所以持有这种态度是一种本能所致，这种本能同样可以在动物身上找到。但是不管这种本能的作用有多大，比这更重要的是心理因素：因为母亲一直把孩子看作是自身的一部分，所以母亲对孩子的爱和痴情很可能是满足自恋的一种途径。另外一个根源也许是母亲的权力欲和占有欲。一个软弱无能、完全服从母亲的孩子不言而喻是一个专制且有占有欲的母亲的自然对象。（《爱的艺术》）

母爱的伟大在于其无条件性。但是如果不理智的施行母爱，那就可能导致孩子身心无法成熟，因而形成对母爱的过度依赖。弗洛姆的这段话或许是对全天下母亲的忠告。

爱就要放手

孩子必须长大，必须脱离母体和母亲的爱，必须成为一个完整的、独立的生命。母亲的真正本质在于关心孩子的成长，这就意味着也要关心和孩子的分离。这里我们就可以看到母爱和性爱的区别。在性爱中两个之前一直分开的人结合在一起，而在母爱中过去是一体的两个人分开了。母爱不仅应该允许这一分离，而且还应该希望并促成这一分离。只有在这个阶段，母爱才成为一项艰巨的任务，因为这时就要求母亲无私并能贡献出一切，除了被爱者的幸福一无所求，但恰恰在这点上许多母亲都失败了。（《爱的艺术》）

爱的方式有很多种，“占有”绝对不是其中之一。不论是母亲对孩子的爱，还是恋人、朋友之间的爱，只有以对方真正的幸福为目的的爱，才是真正的、健康的爱。而这种爱，往往意味着“放手”，给对方足够的空间和自由。

真正的靠近

爱情要求完全、彻底地实现合二为一，要求自己同他人完全融合。按其性质，这种类型的爱是专一的，不是包罗万象的，因此这种爱也是最能迷惑人的爱的形式。首先这种爱常常会同“坠入情网”的爆炸式的经历混为一谈，在这种情况下，两个人之间的所有隔阂突然都消失了。正像上面已经提到过的那样，按其本质，这种突如其来的强烈感受是注定短命的。……但大多数人无论对自己还是对别人都了解得非常快，而且很快就觉得一览无余了，这恰恰是因为他们只了解了人的表面，而没有深入内心。对他们来说，人与人之间的亲密首先是通过性结合得以实现的。正因为他们觉得同别人的隔离首先是一种肉体上的隔离，所以肉体的结合对他们来说就意味着克服了人与人的隔离。（《爱的艺术》）

人与人之间打破隔阂的标志从来都不是肉体的靠近，而是心灵的融合。同床异梦，说的就是这样的隔阂和交融吧。

爱，不仅是一种情感

人们拒绝认识爱情的一个重要因素：意志。爱一个人不仅是一种强烈的感情——而且也是一项决定，一种判断，一个诺言。如果爱情仅仅是一种感情，那爱一辈子的诺言就没有基础。一种感情容易产生，但也许很快就会消失。如果我的爱只是感情，而不同时又是一种判断和一项决定的话，我如何才能肯定我们会永远保持相爱呢？（《爱的艺术》）

如果男女双方确实相爱，他们的爱情就应当具备一个先决条件——那就是我从我生命的本质出发去爱你，这是我深思熟虑的结果，而不是一时的感情冲动。只有经过理性思考和判断的爱情，才有理由天长地久。

爱情的悖论

从我们都是一体的意义上来看，我们能从博爱出发，去爱每一个人；但从我们是不一样的角度出发，性爱就要求具有特定的、独一无二的、完全是个性的成分，这种成分只存在于几个人，而不是所有人中间。有两种观点——一种认为性爱完全是两个人之间的吸引力，是两个特殊的人之间绝无仅有的联系；另一种观点认为性爱只是意志的行为——都是正确的；也许应该这么说，真理既不在这边，也不在那边。所以认为夫妇关系不好应该马上解除婚姻的观点和在任何情况下都不允许解除婚姻的观点都是错误的。（《爱的艺术》）

爱情的悖论在于，它既是激情的产物，又是意志的产物。激情要求我们忠于自己的感觉，但意志要求我们忠于自己的承诺。如何做出选择，是当事人自己的决定，旁人无法妄加评判，但这决定最好是深思熟虑的结果，否则，将会追悔莫及。

何为完美的爱情

爱，既矛盾，又不矛盾。一方面，它使我更加独立，因为它使我感到更坚强、更幸福；另一方面，它又使我与所爱的人结合成一体，似乎在一刹那间，我的个性也不复存在了。在爱中，我有了这种体会：“我便是你。”你是——被爱的人，你是——陌生人，你是——一切有生命的物体。（《健全的社会》）

这是一首完美爱情的赞歌。真正的爱情应该是两个人合二为一，又一分为二。两个人为共同的理想努力，而又快乐地过着属于自己的生活。

“我爱你”的含义

如果我能说“我爱你”，我的意思是说：“我爱你身上的整个人性，所有活着的东西；我也爱你中的我。”这个意义上的自恋是自私的反面。自私，实际上是对自己过度关注，它产生的原因是缺乏对自己真正的爱，它的目的是给这种缺乏以某种补偿。（《健全的社会》）

爱他人，是一件需要足够的勇气和自信才能做好的事情。一个能用健康的心态和正确的方法爱自己的人，才会真正懂得如何爱他人。

原始自恋

· 婴儿唯一能确确实实经历到的，就是他的肉体及其需要——生理需要以及温暖与爱的需要。他还没有那种区别“我”与“你”的经验。他们仍然处于一种与世界一体的状态。这是他的个性与现实感觉醒之前的一种状态；存在着的外部世界不过是些用以满足他自身需要的食物与温暖，而不是可以实际地、客观地了解的某人或某物。弗洛伊德称这种倾向为“原始自恋”。在正常发展过程中，随着对外界现实认识的日益增长，以及随之而来的将“我”与“你”区别开来的鉴别感的发展，这种“原始自恋”状态会逐渐消失。（《健全的社会》）

“原始自恋”的消失，意味着人的成熟，意味着一个人脱离了母体的依赖独立地走向世界。但是，只有在爱中，在充满爱的环境中，人才能健康地走向世界，否则，世界的冷漠只会让人形成日渐扭曲的人格。

如何治愈自恋之人

自恋是与客观、理性及爱相对的另一个极端。人如果完全不能将自己同世界联系起来，他便是神经错乱，这一事实又向我们指出了另一事实：与外界保持某种形式的联系是任何健全生活的条件。不过，在各种形式的联系中，只有创造性的联系——爱——构成了使人既保持了自己的自由与完整，又与同胞相结合的条件。（《健全的社会》）

弗洛姆告诉我们，对于自恋的人来说，世上只有一种现实是重要的，即有关他自己的一切。他不去客观地体验或感知外部世界，而只愿按照自己的方式生活。这看似是一种自信，其实是极大的自卑，唯有积极主动的爱能让他学会如何正确地爱自己、爱别人。

自爱不是利己主义

在我们用心理学的观点分析利己和自爱以前，我们必须分析一下自爱和爱别人是相互排斥的这一错误的逻辑结论。如果把他人当作人来爱是美德，而不是罪恶的话，那么爱自己也应该是美德，因为我也是一个人，有关人的一切概念都与我有关。因此上述原则本身就是矛盾的。《圣经》中“爱他人如同爱己”的说法说明了对自己的完整性和独特性的尊重，爱自己、理解自己，同尊重、爱和谅解别人是不可分割的。爱我同爱另一个生命是紧密相连的。我们的感情和态度的对象不仅是其他人，也包括我们自己。从这一点来解答我们的问题就意味着爱别人和爱我们自己不是两者择一，恰恰相反：一切有能力爱别人的人必定也爱自己。（《爱的艺术》）

自爱不是利己主义，而是爱他人的前提。不会自爱的人，我们既不能指望他爱他人，也不能指望他具有爱他人的能力。因为，爱他人，就是把他人当作自己来爱。

爱的能力是自爱的前提

爱自己的家庭却不爱他人，是缺乏爱的能力的表现。对人类的爱是对一个特定的人爱的先决条件，尽管对人类的爱从其产生来看是通过对某些特定的人的爱发展起来的。从中可以得出我自己也是我爱的对象，同他人没有区别的结论。对自己的生活、幸福、成长以及自由的肯定是以爱的能力为基础的，这就是说，看你有没有能力关怀人、尊重人，有无责任心和是否了解人。如果一个人有能力创造性的爱，那他必然也爱自己，但如果他只爱别人，那他就是没有能力爱。（《爱的艺术》）

爱的能力不仅是自爱的前提，也是爱他人、爱自然、爱生活的前提。爱的能力需要培养，因此，爱是一门艺术，需要我们用心学习、体悟和实践。只有这样，我们才能学会创造性的爱，爱他人，也爱我们自己。

利己者没有能力爱自己

利己和自爱绝不是一回事，实际上是互为矛盾的。利己的人不是太爱自己，而是太不爱自己。缺乏对自己的爱和关心表明了这个人内心缺少生命力，他会感到空虚和失望。在必要时这个不幸和胆怯的人会通过各种其他方面的满足来弥补他失去的幸福。弗洛伊德的观点是利己者就是自恋者，他们把对别人的爱用到自己身上。利己者没有爱别人的能力这是对的，但他们也同样没有能力爱自己。（《爱的艺术》）

利己者看上去似乎非常关心自己，实际上只是试图通过对自己的关心去掩盖自己缺乏爱的能力。因此，利己者不仅不爱他人，而且他们表面上的自爱也是虚假的，他们根本就不懂得如何爱自己。

人不能占有爱

究竟有多少父母真正爱他们的孩子，这实在是个难以回答的问题。父母对孩子的残暴行为、对孩子身心的折磨，从无视他们的存在到纯粹占有他们的欲望甚至对子女的那种施虐狂；这两千年来，在我们西方的历史上有多少这方面的记载，实在令人毛骨悚然，以至于人们倾向于这样一种看法：慈爱的父母只是例外。（《占有还是生存》）

占有式的爱往往会导致以爱的名义施加暴力，对爱的对象进行限制、束缚和控制。这种爱它只会毁灭而不是促进人的生命力。人们常说："我这样做是因为爱你"，而这实际上大都是对"爱"的滥用，目的是掩盖没有爱的事实。

真正的爱从来都不是占有，而是放手。

花未全开月未圆

从一些彼此相爱的夫妇的生活过程中，我们往往会看到他们之间关系的一种发展变化：从“爱上了”开始，到幻想去“占有”爱情终止。在求爱的时期，一方与另一方的关系还不肯定，爱着的人都在试图去赢得对方。他们生动活泼、富有吸引力和令人感兴趣，甚至可以说是美的，因为生气会美化一个人的面孔。（《占有还是生存》）

人就是这样，完全拥有了之后就不再懂得珍惜。什么都是留下一些遗憾，留下一些向往，人才愿意继续生机勃勃地向前努力。所以说“花未全开月未圆”才是最美的景色、最佳的状态。

爱情需要经营

双方慢慢地不再努力要求自己像以前那样可爱了，也不再去激发他们自己的爱了。他们开始感到无聊，人也渐渐失去了美的光彩。他们失望了，而且不知怎么办。他们难道都变成另外一个人了吗？这是不是一开始就是错的？一般情况下，他们都是企图去改变对方，每个人又都觉得自己受了欺骗。他们没能看到，他们已经不是相爱时的他们了，在爱是能为人所占有的这种错误思想指导下，他们不再去爱了。他们停留在这一水平上，不是去相爱，而是去占有他们共同拥有的东西：钱、社会地位、一所住宅和子女。一些以爱情为起始的婚姻成了一个友好的占有者共同体，一个由两个自私的人组成的实体：家庭。（《占有还是生存》）

爱情和事业一样，是需要经营的。所以，怎能停止学习，停止努力，停止不断进步呢？否则，爱情也只好停止，无法留在你的生活里了。

爱情不是占有

在第一次世界大战后的那段日子，性的相互满足是令人满意的爱情关系，特别是幸福婚姻的基础。人们认为造成许多不幸婚姻的原因是夫妇在婚姻生活上不能很好地“配合”，而根源是缺乏对婚姻生活的正确态度，也就是一方或双方都没能很好地掌握婚姻生活的技巧。为了“消除”这种缺陷以及帮助那些不能相爱的不幸的夫妇，许多书里都提供了各种正确的性态度的建议，并许诺只要这样，幸福和爱情就会油然而生。其基本思想是，爱情是婚姻生活得到满足的产物，如果男女双方学会在婚姻乃至性生活上使对方满足，他俩就会相爱。这一点完全符合社会上流行的幻想，即正确的技术不仅能解决工业生产的问题，也能解决人的问题。人们没有看到，与此相反的观点才恰恰是正确的。（《爱的艺术》）

真正的爱情是一种心灵的契合，思想的统一，生活态度的共享，而不是单纯的肉体上的占有。对肉体占有的追求，是欲望，而不是爱情，而欲望往往不会带来幸福。

爱情需要顺其自然

爱情不是性满足的结果，而是性的幸福，甚至掌握所谓的性技巧也是爱情的结果。如果一定要证实这一观点，除了日常的观察外，还可以求助于精神分析治疗的许多具体实例。对最经常出现的性问题——妇女的性冷淡，男子心理上的各种严重的或不太严重的阳痿形式的研究——表明产生这些问题的原因不在于缺乏技巧，而是这些男女的胆怯心理使他们失去爱的能力。害怕异性、憎恨异性是造成这些困难的原因，这些困难阻止他们献出自己，使他们在生理上无法忍受异性的靠近。如果一个有性障碍的人能从他的恐惧和憎恨中摆脱出来，他就会获得爱的能力，他的性问题也就随之解决了。（《爱的艺术》）

"性"是爱情中绕不开的话题。在真正的爱情中，性不是单纯肉体上的占有，而是心灵融合、精神交汇的自然结果。所以，爱情绝对不需要以性为切入口，只要用心浇灌彼此之间的感情，不论是性还是婚姻，都会成为自然而然的结果。

爱情中的冲动与理性

作为理性现象的爱情、作为成熟标志的爱情不是弗洛伊德研究的对象，因为他认为这种爱情根本不存在。但是，如果我们过高地估计弗洛伊德的思想对产生“爱情是性吸引力的产物”这种观点的影响，将会是错误的。从根本上来说这种因果关系颠倒一下才为正确。（《爱的艺术》）

男女之间最初的互生好感很可能是冲动的结果，但要想让好感变成爱情，爱情走向婚姻并且天长地久，那就离不开理性思考和用心经营了。

避免爱的误区

为了证明资本主义符合人的自然要求，就必须先证明人就其本质来看是一个竞争者，是他人的敌人。经济学家根据人具有追求利润的不可遏制的愿望和达尔文主义者弱肉强食的生物原则都证明了这一观点，而弗洛伊德则通过男人被占有所有女性的愿望所驱使，只是社会的压力迫使他们收敛的观点得出同样的结论。因此按照弗洛伊德的观点，所有的男子都相互妒忌，并且即使造成这种妒忌的所有社会和经济的原因都一概消失后，这种妒忌、竞争仍将存在。（《爱的艺术》）

如果将爱情看作是占有，那么爱情中的妒忌、猜疑和竞争就会不可避免，甚至演变成为了占有对方而不择手段，这是爱情最大的误区。我们能否超越这种流俗的爱情观，积极而健康地去爱一个人呢？这就要看我们是否具备了真正的爱的能力。

感情世界里的小孩子

造成病态爱情的基本条件是“相爱的”一方或双方都牢牢地抓住父亲或母亲的形象，并把他以前对父亲或母亲怀有的感情、期待和恐惧，成年后都转移到“所爱者”身上。这些人从来没有超越儿童阶段，成年后还在寻找儿童时代的联系。在这种环境下，这些人在感情生活方面始终是停留在二岁、五岁或十二岁的阶段，但他们的智力和社会能力却符合他们的实际年龄。在严重的情况下，这种感情上的不成熟状态会破坏其社会生活；在不那么严重的情况下这一冲突只限于个人亲密关系的范畴。（《爱的艺术》）

要想在感情上成熟，首先要获得个人的独立，能够一个人直面社会生活，能够很好地处理各种人际关系和情感困惑。然后，你还需要去爱人，把他看成与自己平等的个体去呵护和尊重，而不是将自己童年时代的依赖心理投射在所爱的对象身上。否则，你就永远只能是感情世界里的小孩子。

你“断奶”了吗？

他们需要无条件的母爱——得到这种爱只需要一个条件，那就是他们需要这种爱，他们是母亲的孩子，弱小无力。这些人在企图赢得一个女子的爱时，往往和蔼可亲，风度翩翩；如果他们成功了，仍然会保持这副样子。但他们同这个女子的关系都是表面的，而且不负责任。他们的目的是被人爱，而不是爱自己。如果他们找到“合适”的妻子，他们就信心十足，觉得自己占了全世界的上风；这时他们对其他人也会和蔼可亲，温文尔雅。但过了一段时间后他的妻子不再符合他的想象，就会出现冲突和摩擦。如果他的妻子不始终如一地欣赏他，如果她要求有自己的生活，希望得到爱和保护，如果她——在极端的情况下——不准备原谅他的外遇，这时他就会感觉受到了很大的伤害和失望。一般来说，他还会用“妻子不爱他、自私或者专制”的说法把他的这种感情简单化。很明显，“慈母”对她令人着迷的“儿子”的任何一个小小的疏忽都被看作是缺乏爱的表现。这些男子一般来说会把他们的文雅举止，和他们愿意使别人高兴的愿望同真正的爱情混淆起来,并因此得出他们受到不公正对待的结论。他们自以为是伟大的恋人,因此对妻子抱怨不休。(《爱的艺术》)

对于在父母的宠爱和精心呵护下长大成人的很多孩子来说,“断奶”是他们必须面对的难题。在当今社会,很多已经走向社会的成年男女都还没有真正地做到“断奶”,他们希望他们遇到的每一个人都能像母亲那样宠爱他们,给他们无私的呵护和温暖,在感情生活中更是如此。

其实,对小孩子来说,“奶”是营养品;但对步入社会的成年人来说,“奶”就是毒药,困难、失败、挫折才是无价的营养品。

第二章

人生的智慧

对人生的理解离不开对人性的理解。弗洛姆思想的开端就是对人性复杂性的重视，他并不是简单地主张人性的善或者恶，而是致力于通过对人性复杂性的分析，寻求一条保持人性健康发展的道路。

弗洛姆的人性研究的一个重要方面，就是不断发掘人性的深度。更加难能可贵的是，弗洛姆的思考脱离了简单的乐观主义或简单的悲观主义的圈套，而是走向了一种更加理性的、更加思辨的境界，从而形成了他对人性的独特思考，即“人性的目标在于实现人的完满存在”。人不是一种实现外在功利目标的工具，不是一个巨大集体理想的无足轻重的组成部分，更不是一种为了本能感官享受的动物，相反，弗洛姆坚定地相信，人性的目标在于其自身，在于自身活动的自由性展开。

毫无疑问，对于当今社会汲汲营营的人来说，弗洛姆的思想无异于是一副及时的清醒剂，他让我们从世俗的功利世界中挣脱出来，重新认识生命的目的，重新拟定人生的奋斗目标。在弗洛姆看来，那些被金钱和消费所控制的人无非是一些失去了自我意识的机器而已，但是他们对自己的生存方式却毫无反省之力。

阅读弗洛姆关于人性、关于人生的箴言，对于我们每一个人来说，都是一次静下心来，重新认清自身价值和生命意义的契机。

让我们跟随弗洛姆去追问人性的秘密，探寻生命的价值吧！

谦虚学习，更要大胆怀疑

事实上，在六十年之中没有变动的任何理论（仅凭这个事实）就不再是大师的原理论了；它只是陈腐的重复，而重复实际上是一种变形。弗洛伊德思想的基本发现是以一定的哲学参照系表述的，是以本世纪初大多数自然科学家中流行的机械唯物论表述的。我相信，弗洛伊德思想的进一步发展，需要一个不同的哲学参照系，即辩证人道主义。……弗洛伊德最伟大的发现，即俄狄浦斯情节、自恋和死亡本能，都受到它的哲学前提的局限，从这些局限中摆脱出来纳入一个新的参照系中后，弗洛伊德的发现会更具有说服力和更富有意义。（《恶的本性》）

生活中，我们总会遇到一些在专业领域或人生经验方面的领先者，只有尊敬他们，谦虚学习，才能不断开拓自己的眼界，增加自己的知识。但要记住，虚心学习的同时也要学会思考和怀疑，虔诚敬畏的同时也要努力追求超越，如此，才能打造出自己的卓越人生。

人总要有点信仰

(社会主义和共产主义)其理想就是让每一个人都过上市民式的生活:未来的男女们应该普遍是布尔乔亚。人们的想法是,只有大家都过一种富有和舒适的生活,那么每一个人才会是完全幸福的。无止境的生产、绝对的自由和完全的幸福,这三者是对进步崇拜这一新宗教的核心。“上帝的天国”为尘世的进步治国所取代。如果说,正是这一信仰使其信徒充满了力量、活力和希望,那又有什么可奇怪的呢?(《占有还是生存》)

法国作家雨果曾说:“信仰,是人们所必需的。什么也不信的人是不会有幸福的。”信仰可以让人产生难以言说的自信和力量,让人“处在一种精神健康的状态,感到自己雄姿英发,一切都可以试一试”(法国·萨特)。

改变未来的方法

人一生下来——亦指种族和个人——就从一个确定的环境，如本能，被推到一个不确定的、完全开放的环境中去。人只了解过去，对未来——除了知道要以死亡告终外——一无所知。（《爱的艺术》）

即使是下一秒，我们也无法预知。未来充满了不确定性，难免让人感到不安，但也正是因为这样的不确定性，我们这一秒的努力就可能改变下一秒的未来。

创造和改变未来的最好方法，就是活好当下。

对权威的服从是当今时代最大的危险

人类因不从的行为得以不断地进化，不仅精神得到了尽可能的发展，而且智力也得到了发展。人的精神之所以得到发展，仅仅是因为人敢于对以人类良心和真理名义出现的权威说“不”；人的智力发展依赖于不从的能力，即对试图禁止新思想的权威人士的不从和对长期形成的已变为废话的权威观点的不从。

我已经指出，如果说不从的能力构成人类历史的起点的话，那么顺从则可能会导致人类历史的终结。（《人的呼唤——弗洛姆人道主义文集》）

古希腊哲学家亚里士多德说：“我爱我的老师，但我更爱真理。”权威从来都不是检验真理的标准。面对权威，我们应该尊重，但也应该学会思考和怀疑。

不要忘记自己是一个人

还必须考虑到我们现代社会生活的另一个因素，那就是工作和消除疲劳的循环作用。人作为劳动大军和管理阶层的一员仅仅是一个号码而已。他几乎不需要有任何主观能动性，他的任务由劳动的组织派定。领导和被领导之间也几乎没有区别，因为他们都在行使由整个组织结构规定的任务，不仅要按规定的速度，也要按规定的方式完成。甚至他们的各种感情，如高兴、宽容、信任、雄心以及同每个人顺利合作的能力都是预先规定的。他们的娱乐方式即使不那么强求一律，也都是大同小异。阅读的书是读书俱乐部选定的；看的电影是电影院老板和他们出钱登印的广告选定的。其他的娱乐方式也都雷同：星期日驾车远足、看电视、打牌和社交活动。从生到死，从星期一到星期日，从早到晚——所有的行动都是千篇一律和按照预定的方式进行。请问：一个被围困在这么一个罗网之中的人，如何才能不忘记他是一个人，只存在一次的人，只有一次生存的机会，能经历希望、失望、担心和恐惧的人，渴望爱情和受到虚无和孤独威胁的人呢？（《爱的艺术》）

你是否曾在忙碌的工作和模式化的生活之间，忘记了自己是一个人呢？你有多久没有感受过发自内心的快乐、期待，甚至悲伤了？三毛说：“能哭，对活着的人，总是好事。”澎湃的感情、自由的选择、独立的人格，这是人类的特权，如果失去了这些，人和机器还有什么分别呢？

人是一个谜

我们认识自己，但尽管做了一切努力还是不认识自己，我们表面认识他人，但我们还是不认识他们，因为我们和他们都不是一回事。我们越深入我们生命的深处或另一个人的生命深处，我们离认识生命的目标就越远。尽管如此，我们不能阻止这种深入了解人灵魂的秘密、了解人的核心，即“自我”的愿望将继续存在。（《爱的艺术》）

古希腊的斯芬克斯神话告诉我们，“人是一个谜”。不论是认识自己还是认识他人，都是一件很困难的事情。但困难并不能成为我们停止认识自我和他人的理由，因为这两件事几乎是我们生活的全部内容。

在不从和顺从间寻找平衡

如果一个人只能不从而不能顺从，他就是一个造反者（而不是一个革命者），他就只会做出仇恨、沮丧和不满的事来，而不是以某种信仰或原则的名义行动。（《人的呼唤——弗洛姆人道主义文集》）

任何事情都有两面性，把握好之中的平衡点才能把事情做到最好。对权威的不从和顺从也是如此。

区分合理的权威与不合理的权威

顺从他人事实上就是一种屈从，这一陈述也需要区分“合理的”权威和“不合理的”权威。我们可以在教师和学生的关系中找到合理权威的例子，而不合理权威的例子则可以在奴隶和主人的关系中找到。两种关系都建立在个人的权威要求得到承认的事实之上。然而，从动态的方面来看，它们具有不同的性质。在理想的情形下，教师和学生的利益有着共同的方向。教师的满足在于能否成功地使学生进步。与此相反，奴隶主必定尽可能地剥削奴隶，他从奴隶身上得到的东西越多，他获得的满足就越充分。奴隶和主人的利益是对立的，因为对一方有益的就是对另一方有害的。（《人的呼唤——弗洛姆人道主义文集》）

面对权威，判断它的合理与否，比决定采取顺从还是怀疑的态度可能更加重要。

顺从权威是因为害怕

为什么人们总是那样倾向于顺从而难于不从呢？因为，只要我顺从国家权力、教会权力或所谓公共意志，我就会感到安全和有保障。事实上，人们对自己所顺从的权力究竟是什么也很少区分。这种权力通常就是某种制度或某些人，这些人以这样或那样的形式动用武力，并欺骗性地宣扬全知全能。我的顺从使我成为我所崇拜的权力的一部分，因此我感到强壮有力。我不会犯错误，因为权力给我以决定；我不会觉得孤独，因为权力护卫着我；我不会犯罪，因为权力不会允许我那样做，而且即使我犯了罪，惩罚也只是一种回复到万能权力的方式。为了不从，人们就必须有忍受孤独的勇气和有去作恶与犯罪的勇气。然而，勇气总是有限的，勇敢的能力依赖人的发展程度。一个人只有脱离了母亲的怀抱和父亲的命令方能成为一个得到完全发展的个体，他才能获得思考和自我感觉的能力。只有这时候，他才能有勇气对权力说“不”，也才有不从的勇气。（《人的呼唤——弗洛姆人道主义文集》）

选择不从就是选择承担孤独，选择忍受常人的不理解和冷言冷语。但是历史告诉我们，真正成大事的人恰恰就是能够承担孤独的人，而不是那种亦步亦趋地服从既定权威与既定生活原则的人。能承受孤独的人，才能成就更大的辉煌。

自由就是对权力说“不”

通过学会对权力说“不”的不从行为，人才能成为自由的人。然而，不从是自由的条件，自由也是不从的条件。如果我惧怕自由，我就无法说“不”，我就不可能有不从的勇气。自由和不从的能力确实是密不可分的，因此，任何宣称自由然而却拒斥不从的社会、政治和宗教系统都不可能道出真理。敢于不从，敢于对权力说“不”之所以如此艰难，还有另一个缘由，那就是，在人类漫长的历史进程中，顺从一直被视为美德，而不从总是被看作罪恶。（《人的呼唤——弗洛姆人道主义文集》）

顺从使我们忘了自己有对任何权威说“不”的权利，但这同时意味着，它使我们忘记了自己最内在的自由。而剥夺我们自由的人，恰恰就是我们自己。

脱离社会是最根本的痛苦

我认为，从个人和从社会意义上讲，人的最大恐惧是与其同伴完全隔离而处于一种流放的境况。即使对死亡的恐惧也比这容易忍受。社会通过流放的威胁，发出压抑的命令。如果你不承认某些现存的经验，你就会难以适从而不知归属何在，就会面临精神分裂的危险（精神分裂实际上是对外部世界缺乏总体关联而发生的一种疾病）。（《人的呼唤——弗洛姆人道主义文集》）

就像先哲所言，人生最大的痛苦不在于人必将走向死亡，而在于人不知道为何而活。一个人活着只是一个生物学上的事实，只有通过他人的认可以及社会的承认，他才能获得价值感和意义感。因此，弗洛姆说，人最大的痛苦是脱离社会，这恰恰道出了失去价值感和存在意义才是人生最大的痛苦的道理。

做有狼性的羊

许多人相信人是羊，还有一些人相信人是狼。双方都能为自己的观点找到有力的论据。那些提出人是羊的人便举出这样的事实：人易于按照别人的意志去做事，即使这对他们本人很有害；他们紧跟上司投入只会给他们带来毁灭的战争；他们相信各种胡言乱语，如果它是以足够的勇气提出来并得到权势者支持的话——从牧师和君主的粗暴恫吓到神秘和半神秘的劝说者柔情绵绵的说教。……而一个有坚强信念完全可以顶住众人反对的人确实是例外，而不是规律，这一例外常常为几百年后的人所赞美，而几乎为他的同代人所嘲笑。（《恶的本性》）

完全按照别人的意志做事，其实是对自己独立人格和自由权利的自我否定；完全拒绝服从他人的领导，则是过度自信、刚愎自用的表现。所以，不论是做羊，还是做狼，都不可能把事情做好，把日子过好。

做一头能在适当的时候发挥狼性的羊，或许是最佳的选择。

还是好人多

日常生活为残暴和虐淫的施行提供了许多机会，人们可以不用担心报复而肆意妄为。但是许多人并没这样做。事实上，许多人当他们遇到残暴行为时就用某种反感加以反抗。（《恶的本性》）

不论是在历史上，还是在今天，我们都无法否认人对人的残忍事件的存在。但我们向往美好的眼睛应该能够发现，在这个世界上，善还是多于恶，美还是胜于丑的。

幸福是一种精神上的感受

按照弗洛伊德的观点，一切本能的愿望如果得到毫无保留的满足，就会获得精神上的健康和幸福。但临床经验表明，那些一生在性生活方面得到充分满足的男女并不因此而感到幸福，他们甚至常常会因精神上的冲突和身体上的病征而感到痛苦。一切本能的愿望都得到满足不仅不是幸福的基础，而且不能保证人精神上起码的健康。（《爱的艺术》）

什么是幸福？对于这个问题，每个人都可能给出不同的答案。有人说幸福就是“温，饱，黑，甜”（林语堂《生活的艺术》），有人说幸福就是“采菊东篱下，悠然见南山”（东晋·陶渊明《饮酒》）……不论答案如何，我们可以肯定的是，真正的幸福与物质无关，而是一种心灵上的体验、精神上的感受。

试着“不听话”

正如希伯来关于亚当和夏娃的神话一样，希腊关于普罗米修斯的神话也表明了全部人类文明都建立在一种不从行为的基础之上。普罗米修斯从天国盗火给人类，奠定了人类进化的基础。没有普罗米修斯的“罪恶”，就不可能有人类的历史。同亚当和夏娃一样，他也因他的不从而受到惩罚。但是他并不后悔，也不请求宽恕，相反，他自豪地说：“我宁愿被锁在岩石之下，也不愿成为神的仆从。”（《人的呼唤——弗洛姆人道主义文集》）

不因循守旧，不墨守成规，有所思考，有所创新，有所“不顺从”，我们自己的生活和这个世界才会有所发展。

真正的罪恶

如果人作恶他就会变得更恶，法老之心很“冷酷”，是因为他一直在作恶，他冷酷到不再改变或者不可悔改的地步。（《恶的本性》）

真正的罪恶，是拒绝一切向善的可能。

为善还是作恶?

《旧约全书》认为：人有两种能力——为善和作恶——而且人必须在善和恶、祈祷和詈骂、生和死中间作出选择。即使上帝也不干涉他的选择；他派来使者（即先知）帮助他传授使人实现善、鉴别恶、奋进和反对的标准。但这样一来，人就只剩下“两种努力”了，即为善和作恶，决定在于他自己。（《恶的本性》）

为善还是作恶，这是人生必然面对的选择。我们相信绝大多数人的内心都是向善的，但假如人生不如意，作恶也不会受到法律的惩罚的话，你会做出怎样的选择呢?

虽然这样的假设并不成立，但对这个问题的思考也许能够让你更加看清自己的内心。

人类本性中的破坏性因素

战争是不可避免的，因为它是人类破坏本性的结果。这种时而以敏锐现实主义为自豪的观点，在两个方面是非现实主义的。第一，这种破坏性冲突的激烈绝不意味着它们是不可控制抑或占主导地位的。这个观点的第二个荒谬之处在于这样的前提，即战争首先是心理力量的结果。（《恶的本性》）

人性中的破坏性因素在人类经历过的诸种灾难中表现得非常明显：战争、欺诈、争夺、利用……这些破坏因素在人类生活中无处不在。但是，弗洛姆告诉我们，这并不代表我们就得安于接受这些破坏因素带来的后果，人性是可以改变的。通过自身向善的努力，我们可以最大限度地限制性格中破坏性因子的作用，还生活以平静和美好。

权力将腐蚀普通人的品德

战争就是政治、军事和商业领袖为了获得疆土、自然资源和贸易优势而发起的行为；为了要抵御真的或诡称的另一种力量对他们国家安全的威胁；为了提高他们个人的声望和名誉。这些人同普通人没有区别：他们不顾别人，很少为他人的名义而放弃他们自己个人的利益。但是他们既不残忍也不邪恶。这种人——当置身于日常生活时大概不会有多大危害——但当他们坐上权力的宝座，能够指挥千百万人并能控制最具破坏性的武器时，他们就能产生巨大的危害。……拥有非凡权力的普通人是人类的主要危险，而不是凶恶的人或暴虐的人。（《恶的本性》）

普通人以自己的方式劳作、生息和消费，它的精神世界只是他个人的世界。但是，一旦只具有个人精神世界的普通人获得权力，他的无知和自私，就要毁灭众多人的生存根基。因为他的知识、能力、良知无力承担这么大的责任。因此，对权力的运用应当审慎再审慎。

不要想得太少

会按动发射装有核弹头的导弹（一个导弹就会杀死成千上万的人）按钮的人，不会有一个战士用刺刀或机枪时具有这种意义上的经验。即使发射核武器的举动完全是有意地忠实地服从一个命令，那也仍然会有这样的问题，即在人格深层是否必然存在着一种对生命的极度冷漠（如果不是毁灭性冲动的话）才使这一举动成为可能。（《恶的本性》）

坐在操控室里操作各种按钮的士兵，并不能像身处一线的战士一样直面生命的脆弱和战争的残酷。所以，他们按下按钮，摧毁遥远的另一个世界的时候，他们的心中可能没有恶，没有残忍，甚至没有任何感情，只是因为他们看到的场景太少、想到的太简单了。有时候，“三思而后行”不仅包含着做事的谨慎态度，也包含着对生命的无限敬畏。

生活不是游戏

暴力的最正常和非病态形式是游乐性暴力。我们可以在这些形式中找到这种暴力，即暴力演习是为了追求表演技巧，不是追求破坏，它不为仇恨或破坏所推动。这种游乐性暴力的例子屡见不鲜：从原始部落的兵器竞技到佛教的剑斗艺术。在所有这类格斗比赛中，其目的不是为了杀害；纵然有时也发生对手死亡的事情，但这似乎是因为对手"站在错误位置上"的过失造成的。当然，如果我们说在游乐性暴力中没有破坏的愿望，这只是指这类竞技的理想类型。实际上我们通常可以发现在明显的经济逻辑后面隐藏着无意识的侵犯和破坏。但即使如此，这类暴力的主要动机还是炫耀技能，而不是破坏。（《恶的本性》）

游乐性暴力的出发点不是破坏，但其背后仍然隐藏着人性中蠢蠢欲动的"恶"的因素。在游戏中宣泄情感和压力也许无可厚非，但重要的是，必须分清楚什么是游戏，什么是实实在在的生活。

反抗性暴力的价值

反抗性暴力比游乐性暴力具有更大的实践意义。我把反抗性暴力理解为这种暴力，它是用于维护生命、自由、尊严、财产（自己的或别人的）的暴力。它根源于害怕，由于这个原因，它也许是最常见的一种暴力形式；害怕可能是真实的也可能是想象的，可能是有意识的也可能是无意识的。这类暴力有利于生命而不是有利于死亡；它的目的是防御，而不是破坏。它不完全是无理性激情的结果，而在某种程度上是理性深思熟虑的产物。（《恶的本性》）

法国作家雨果说："当一个人的心中充满了黑暗，罪恶便在那里滋长起来，有罪的并不是犯罪的人，而是那制造黑暗的人。"反抗是人类与生俱来的权利。如果对现实中的不合理忍气吞声，对强权逆来顺受，失去了反抗的勇气，那么人就无法实现自己生命的价值。正是在这个意义上，弗洛姆把反抗性的暴力看作是实现人性价值和维护人性尊严的重要手段。

不要依赖任何人

几乎没有一种侵略战争不是以防御的词句加以表白的。但究竟是谁主张正当的防御，这个问题往往是由胜利者来决定，有时是在很久以后由更客观的历史学家来评断。借口任何战争都是防御性战争的倾向说明了两个问题：其一，大多数人民（起码是最文明国家的人民）不会去杀害和送死，除非他们确信，他们这样做是为了维护生命和自由；其二，它说明，使千百万人相信他们处于被进攻的危险中，因此号召他们保卫自己，也是不难做到的。这种说服多半取决于缺乏独立思考和感情，取决于绝大多数人对他们的政治领袖情绪上的依赖。倘若有这种依赖，那么，几乎任何以强迫和说服方式出现的事物都将作为事实被接受。接受一种所谓的威胁信念的心理效果当然同真实的威胁效果是一样的。（《恶的本性》）

不要依赖任何人，在身体上不能，在思想上更不能。作为一个独立存在的人，我们必须保持独立的思考和独立的人格。否则，我们就会很容易地成为他人手中的小棋子。

见不得别人好

反抗性暴力的另一方面是由于挫折而产生的暴力。我们发现当动物、儿童以及成年人的愿望或需要遭遇挫折时，都会产生侵犯行为。这种侵犯行为通过使用暴力使其行为对象受挫，尽管这常常是无益的。这显然是一种服务于生命的侵犯，而不是为了破坏的侵犯。既然需要和愿望的挫折是迄今社会中最普遍的现象，那么，便没有理由对暴力和侵犯何以屡次发生和出现感到奇怪。至于从挫折中所产生的侵犯，是由嫉妒而酿成的敌对行为。嫉妒构成一种特殊的挫折。它们起因于这样的事实，即B有一个A所期望的对象，或B被一个人所爱，这人的爱正是A所期望的。B得到了A所想要而没有得到的东西，A对B的憎恨和敌对由此而生。（《恶的本性》）

在这个世界上，总有一些人比我们过得好。在这个时候，我们可以羡慕，但不要嫉妒；我们可以请教，但不要报复。因为后一种选择真正伤害的人反而是我们自己。

不都是别人的错

弱者和伤残人只能求助于恢复他们的自尊心，但当其因长期受伤而受到损害时，就会按照“以牙还牙，以眼还眼”的原则采取报复。而那些活得很有出息的人没有或很少有这种需要。即使他受到危害、侮辱、伤害，有效的生活过程本身就会使他忘却过去的伤痛。有所作为的能力强于报复的愿望。这一分析的真理可以很容易地在个人和社会的经验材料中得到证实。精神分析的材料证明，精神病患者难于独立而完美地生活，他常常把他的整个存在系于报复的愿望，而成熟的、富有创造性的人，很少被报复的愿望所左右。（《恶的本性》）

别人伤害了你，错误在别人；你为此报复他人，错误就在你了。塑造完整的人格，构建自己富有创造性的人生，是消除复仇心理，复归正常生活的关键。

冤冤相报何时了

在严重的精神病态中，报复成为他生活的主要目的，如果没有报复，他不仅没有自尊，而且自我意识和本体意识也有崩溃的危险。我们也同样发现在最落后的人群中（就经济或文化的情感方面而言）人的报复意识（比如，因为过去的民族性的失败）似乎是最强烈的。因此，在工业化国家中，那些不断被掠夺的低下阶层在许多国家中是报复情绪的焦点，正如他们是种族主义和民族主义情绪的焦点一样。（《恶的本性》）

复仇意味着无法以理性的方式来面对生活的挫折和伤害，也给自身带来更大的伤害。只有具有完善的价值体系和健全的性格结构，生活才能超越“以牙还牙，以眼还眼”的愚昧怪圈。

孩子的提问

一个小孩怀着对善、爱、正义的信仰开始生活。婴儿对他母亲的怀抱有信仰，当他冷时她给他遮盖，他病时她给他护理。这个信仰可以是对父亲、母亲、祖父、祖母或亲近他的人的信仰，也可以表现为对上帝的信仰。许多人的这个信仰在早年便被损伤了。孩子听到父亲竟在重要的事情上撒谎，见到他怯懦地恐吓母亲，为了安抚她竟准备出卖他（孩子）。他是不幸的或遭恐吓的，即使他的父母亲解释说对他很关心，但谁也不在意他的事，即使他告诉他们，他们也不表示任何关注。有多少次他对父母亲的爱、诚实、正义的原信仰遭到损伤。（《恶的本性》）

据说，当一个婴儿出生以后，他或她人生中的最初几年都是在寻找那几个最基本问题的答案："这是一个美好善良的世界吗？我能相信这个世界上的人吗？我是被爱着的吗？"面对身边的孩子，我们有信心和勇气给他们肯定的答复吗？

成为别人的信仰

信仰的最后损伤多发生于很晚的年岁。那是被他所信赖的朋友、情人、老师、宗教和政治领袖出卖以后。一个人信仰的破灭，很少因为一个偶然的事件，而是相当多的小经验积累起来的结果。对这种经验的反应在改变。一个人可能因下列事情做出反应，即他失去对使之失望的特殊人的依赖，他自己成为一个更独立的人并能找到新朋友、新老师，或者是得到对他真诚相待并信任的意中人。这是对早期失望的最好的反应。在另外许多情况下，结果是这样，人仍然是怀疑不定，他期待一个会恢复他的信仰的奇迹，他考察人们，并且当他依次对他们感到失望时还要考察其他人，或者投身于强有力的权威的权力之中（教会、政党或领袖）以恢复他的信仰。他经常通过对世俗目的——金钱、权力、声望的狂热追求来克制他失去生的信念时的绝望。（《恶的本性》）

我们每个人都曾或多或少地被别人伤害过。所以，请善待身边的每一个人吧，因为他们需要从你的善意中找回对生活和人性的信仰，而你也需要从他们的信仰中寻找生命的价值。

人总要相信点什么

如果没有一件事情和一个人值得信任，如果一个人连拥有善良和正义的信念都成为愚蠢的幻想，如果生命不是被上帝而是被魔鬼所主宰，那么，生命便确实成为令人讨厌的东西了，他可以不再忍受失望的痛苦。他情愿证实生是邪恶的，人是邪恶的，自己也是邪恶的。对生命失望的信奉者以及爱生命的人就会变成愤世嫉俗者和破坏者。这种破坏便是一种绝望，对生命的失望导致了对生命的恨。在我的临床经验中，这种深感丧失信仰的经验是常有的事，并且常常构成一个人生活的最重要的主调。这同样适用于社会生活，人们所信任的领袖被证明是邪恶的或不够格的。反应如果不是放任自流，那便是愤世嫉俗或破坏。（《恶的本性》）

当我们真正面临困境的时候，能让我们挺下去的力量就来自于我们心中的信念。其实，不论是困境还是顺境，人只有相信点什么，才能有所向往，又有所敬畏。

人类不能容忍完全的被动

当人是统治他的自然力和社会力的对象时，他同时又不仅仅是环境的对象。他有意志、能力、自由去改变世界（在一定限度之内）。这里的意志和自由的范围无关紧要，要紧的是人不能宽容绝对被动这一事实。……如果说因为人的软弱、忧虑、无能力等，他就不能行动，如果他无能为力，他便遭受痛苦；这种由于无能为力的痛苦还在于这样的事实，即人的平衡被打乱，他除了恢复行动能力外，不能接受这种完全无能力的状况。但是他能否做到，怎样做到呢？（《恶的本性》）

被动将导致人自我价值感的丧失，因此，绝大多数人都不能容忍完全的被动状态。但真正采取行动去改变被动状态，甚至影响他人的人又有多少呢？

就要好好活下去

创生超越了作为一个创造物的本分，他被抛入生命犹如骰子从杯中倒出一样。毁生也意味着超越和逃避那种完全被动的难以忍受的遭遇。创生需要弱者所缺乏的某种品质。毁生只需要一种品质——使用武力。弱者，如果他有一只手枪、一把刀，或一双强壮的手臂，他便可以通过破坏别人或他自己的生命而超越生命。因此，他自己否定了自己，他对生做了报复。（《恶的本性》）

伤害别人，尤其是伤害自己的生命，是弱者的表现。因为与破坏和死亡相比，活下去，好好地活下去需要更大的智慧和勇气。

自由思考的价值

完全支配他人（或别的生物）的欢乐正是暴虐驱力的本质。这个思想的另一种表达方式是：暴虐的目的是把人变成物，把有生气的东西变成僵死的东西。因为仅凭完全绝对的控制，有生气的东西便丧失了它最根本的生命特性——自由。（《恶的本性》）

不论什么时候，都不要失去了独立的思考和人格。也许你暂时还没有把想法付诸实践的自由，但你也要去想，因为思想的自由是无价的，而且终有一天，它会带来行动的自由。

破坏是人的潜能

只要一个人完全体验到个人和群众中破坏和施虐暴力的强度和频率，那他便会知道补偿暴力不是个简单的东西，不是邪恶、坏习惯等的结果。它是人的一种力量，和他的生的愿望一样强大。它之所以这样强烈恰恰因为它构成了对成为残废的反叛；人正因为他是人，便具有破坏和施虐暴力的潜能，因为他不是物，所以如果他不能创造生命便一定企图破坏它。在罗马圆形竞技场，数千名无能者通过看见人被野兽吞噬，或人们互相残杀得到了莫大的快乐，它便成为暴虐的名副其实的记录。（《恶的本性》）

围观街头暴力事件，旁观人与野兽之间的厮杀，这不仅是单纯的猎奇，更是人类内心隐藏的破坏因子在作祟。当正常的生命诉求迟迟得不到实现的时候，对生活的激情很可能就会转化为破坏性的行动。因此，真正避免人类破坏潜力的恰恰是对完整人性的实现，而不是盲目否认和压制人的破坏潜能。

忙着好好生活

摆脱补偿破坏的唯一办法是发展人的创造潜力，发展他创造性地运用人的才能的能力。只要人不再是残废的，他也就不再会成为破坏者和施虐狂……补偿暴力像反抗性暴力那样，它不服务于生命，它是生命的病态替代物，它象征着生命的残缺不全和空空洞洞。但即使在它对生命的否定中，它仍然表明人需要有生机而不是成为一个残废。（《恶的本性》）

去结识不一样的人，去品味不一样的地方，去做不同的尝试，你就会发现你的生活，甚至你周围的世界都会因为你而有所不同。

当一个人醉心于新鲜的生活，不断体会、创造生活的快乐的时候，他怎么还会有时间琢磨怎样伤害自己和他人呢?

人性的前进

文艺复兴和宗教改革后的几个世纪里，人们建立了一种新的科学，这种科学最终导致了空前绝后的生产性能量的释放，带来了物质世界的彻底改变。人们创造了似乎能确保个人自由和生产型品格形成的政治体制，极大地缩短了工作时间，而他们获得的享受闲暇的自由，又是他们的前辈们几乎不敢梦想的。（《人的呼唤——弗洛姆人道主义文集》）

回首人类走过的历史，不论是在科技水平方面还是在物质生活方面，人类都取得了巨大的进步和发展，值得我们为此感到骄傲。那么，人性呢？

丰衣足食之后

难道我们非得使自己屈从于这种事实？即我们控制着自然、生产着日益增长的产品，却又必须放弃建立一种团结与公正的新世界的理想，让这种理想消失在一个空洞的技术性“进步”的概念之中吗？在资本主义经营的工业主义中，还有其他的选择吗？我们不能建立一种工业社会，在这个社会里，个人仍然作为一个积极的、控制环境而不是被环境所控制的、有责任感的成员吗？经济的繁荣和人性的完善真的是水火不容吗？（《人的呼唤——弗洛姆人道主义文集》）

经济的发展能够带来人性的完善吗？或者它必然导致人性的堕落吗？丰衣足食之后，是时候静下心来反省一下我们的内心了，是时候寻找能够解决目前的道德困境的方法了。但在此之前，我们更需要做的是让人们认识到自己的心灵危机，因为忙于纸醉金迷、钩心斗角的人类很可能还没有发现自己的问题。

可耻的成就

事实上，人们已经制造了原子弹，这恰恰是人类智慧的最高成就之一。然而，人类对他自己的创造物已经丧失了控制权，原子弹的威力已经成了人类最危险的敌人。还存在扭转这种趋势的时机吗？我们能成功地改变环境并成为环境的主人而不至于听任环境的统治吗？我们能够克服根深蒂固的野蛮行为吗？这种野蛮行为使得我们只能以一种永远不能解决问题的方式来解决问题——武力、暴力、屠杀。我们能弥合伟大的智慧成就和情感与道德上的落后之间的鸿沟吗？（《人的呼唤——弗洛姆人道主义文集》）

人类文明不仅包括物质文明，还包括精神文明。即使科技飞速发展，但如果人类的心灵和精神停滞不前，仍然热衷于尔虞我诈、自相残杀，甚至利用科学发展的成果伤害他人的话，那人类社会的一切进步都是令人羞愧的。

闲暇的意义

在过去的几百年间，工作时间已经从每周70小时缩短到每周40小时，随着自动化程度的日益提高，更短的工作时日为人们提供了大量的闲暇时间。每一个儿童都受到了基础教育，占整个人口相当比例的人受过高等教育。人们大量的闲暇时间为电影、广播、电视、体育和业余活动所充塞。事实上，西方社会的绝大多数人——不久将会是所有的人——主要是关心如何享受生活，而不是为取得起码的物质生活条件而奋斗，这在历史上似乎还是第一次。我们先辈的痴心梦想似乎正要成为现实，西方社会已经找到了“好的生活”的答案了。（《人的呼唤——弗洛姆人道主义文集》）

英国哲学家罗素说：“能聪明地充实闲暇时间是人类文明的最新成果。”科技的进步让我们拥有了更多的闲暇时间，而这些闲暇时间的利用方式则会决定每个人和整个人类的未来。

没那么重要

我们有丰裕的物质，却没有愉快的生活。我们比以前更富有了，然而，我们缺少自由；我们比以前消费得多了，然而，我们更为贫乏空虚；我们有了更多的原子武器，然而，我们越发不能防卫了；我们受到了更多的教育，然而，我们越发缺乏批判性的判断力和信念；我们有了更多的宗教信仰，然而，我们变得更加实利主义。（《人的呼唤——弗洛姆人道主义文集》）

金钱和物质真的没有我们想象的那么重要。因为再多的金钱和物质都无法填满空虚的内心。所以，无须为贫穷而感到自卑，富有也不值得炫耀，精神上的空虚或富足才是我们应该真正关心的。

成为一个自由的人

西方社会乃至整个世界都将达到这种经济上的富裕，而问题也就随之而来：人类变成了什么样子？如果继续沿袭现存的工业体系，人类将走向何方？对怎样发现联合这一问题有一些可以肯定却是有限的答案。人通过试图退回到动物阶段，通过清除那些特殊的人性（理性和爱），通过成为一个奴隶或奴隶驱使者，通过使自己变成某物，才能发现这种联合；要不然，他就得通过发展他的特殊的力量，即通过成为一个自由人——不仅摆脱了锁链，而且也能自由地发展他的全部潜能这一生活目的本身——才能发现他与他的同伴、与自然的一种新的联合；这种自由人将自己的存在归于生产型努力。（《人的呼唤——弗洛姆人道主义文集》）

在富裕的工业社会，我们该如何生存？是沉浸在工业文明一往无前的乐观主义情绪中，还是因为对工业文明的厌恶而退回到“过去美好的日子”里？弗洛姆说，只有“通过成为一个自由人”，我们才能发挥自己全部的潜能，实现自身的价值和意义。

做自己，不容易

资本的集中导致了由不同等级的官僚组织进行管理的大型企业的形成。成群的工人们在一起工作，就像巨大的生产机器的组成部分，为了不停地运转，必须没有摩擦、没有中止地平稳运行。作为个体的工人和职员，变成了这种机器的一个齿轮，他们的作用与积极性依他们工作于其中的组织结构所定。在大型企业中，生产资料的所有权因已经同经营权分离开而丧失其重要性。大型企业则由官僚管理部门所经营。这些管理部门，不是从法律意义上而是从社会意义上拥有企业。这些管理者并不具有从前的生产资料所有者所具备的品质——个体创造性、大胆、勇于冒险——却具备官僚品质——缺乏个性、非人格化、谨小慎微、缺乏想象力。（《人的呼唤——弗洛姆人道主义文集》）

身处不同的工作岗位，我们都会面临不同的要求，或许是被要求安分守己，或许是被要求埋头工作。不论如何，都要学会在各种各样的要求中坚持做自己。为自己最初的梦想而努力、冒险，虽然这并不容易。

要有自己的生活

工业的、军事的、政府的官僚越来越多，它的各种活动，日益成为所有的工作人员缠绕在一起的活动。随着企业的进一步发展，工会已经变成巨大的官僚机构，在这个机构里，个体成员几乎没有发言权。许多工会领袖如同工业领袖一样也成为管理官僚。所有这些官僚们，没有计划性、没有洞察力，而由于官僚管理的这种特性，情况也只能如此。人被改变成一种物，并像物一样被管理，他的管理者本身变成了物，而物是没有意志、没有洞察力、没有意图的。（《人的呼唤——弗洛姆人道主义文集》）

这是我们普遍感到的一种压抑，特别是在大型企业中，人确实成为了无足轻重的一环，成为一种机器般的工具，生活毫无变化，一切以效率和绩效为目的。不论过去的你是否也如此漫无目的地忙碌着，从现在开始，要有自己的生活，学会为自己而活。

生活里的人情味

然而现在，人和社会的完善之概念又发生了什么变化呢？它不是代表着充满活力的生产型品格的人的诞生，而是蜕变成一个苍白的技术性概念的“进步”，蜕变成一种生产更多更好的“物”的幻想。今天，我们的政治概念已经失去了它的精神根基，它们已经变成了权宜之计，其判断的标准是看其能否有助于我们达到更高的生活水平，能否得到更有效的政治统治形式。政治概念丧失了对人的信心和渴望的根基，它们已经成为一个空壳，只要证明其不再有利可图，就可随意弃之。（《人的呼唤——弗洛姆人道主义文集》）

人的生活应该是符合人的理想的，充满人情味的，而不仅仅是毫无感情的数字和令人窒息的目标。朋友之间、家人之间、同事之间，所有人之间的相处模式都应该如此。

真正的自由

个人不仅在生产领域而且在消费领域也受到控制和操纵，这个却硬被说成是个人自由地表达其选择。不管是食品、衣物、酒类、烟类、电影，还是电视节目，这些有利的暗示机构的使用都有两种目的：第一，不断增加个人对于新商品的欲望；第二，把这些欲望引导到给生产带来最大利润的轨道上来。在消费品生产的投资规模和消费者的欲望之间，一些大企业既不任由消费品的生产碰运气，也不任由消费者有他想买多少或想买什么的自由。它们认为，必须不断地刺激消费者的欲望，必须操纵、控制消费者的爱好，并使其欲望、爱好具有可预测性。人被改变成了“消费者”，改变成了其愿望是消费更多、“更好的”产品的永远无知的孩子。（《人的呼唤——弗洛姆人道主义文集》）

真正的自由是拥有不选择的权利，而不是在有限的选项中做出选择。在当今这个充满欲望和各种评判标准的社会里，我们似乎很少被赋予不选择的权利，我们也很少给别人不选择的权利了。

难得的清醒

我们的经济体制在给人类带来物质上富裕的同时，已使人性变得枯竭贫乏。尽管存在关于西方世界如何信仰上帝、如何注重理想、如何注重精神的宣传和口号，但事实上，我们的体制已经创造了一种实利主义的文化和实利主义的人。在工作时间，个人被当作生产组织的组成部分来加以控制；而在闲暇时间，个人被作为所谓的消费者来加以控制和操纵。这种消费者喜欢别人告诉他去喜欢的东西，却还误以为他是在实现他自己的爱好。

（《人的呼唤——弗洛姆人道主义文集》）

工业的发展带来物质进步的同时，使得实利主义的文化和实利主义的人广为扩展。弗洛姆的思考正是基于这一问题，从而显得富有时代的切身性。在今天，这几乎是每一个中国人都在面对或即将面对的问题。在这里，倾听弗洛姆的声音，或许能让我们在面对现实时保持一份难得的清醒。

缺少真正的偶像

人从他自身中异化出来，并在他双手创造的产品面前卑躬屈膝，在国家和他自己选出的领导者面前俯首称臣。对于他来说，他自己的行为是一种异己的力量，这种力量不是由他来支配，而是监督他，并与他对抗。我们创造的产品比过去越发地联合在一起，形成一种超越于我们之上的客观力量，这种力量我们无法控制，它打破了我们的期望，摧毁了我们的设想，成为决定人类发展的主要因素。人们创造产品，人们制造机器，人们建立国家，而这些东西却已经变成现代人类的偶像，这些偶像以异化的形式象征着它自己的生命力量。（《人的呼唤——弗洛姆人道主义文集》）

在这里，弗洛姆继承了伟大导师马克思的思想："所有的物质意义和精神意义的位置，被所有这些意义的自我异化所取代，被所有物的意义所取代。私有财产已经使我们变得这般愚蠢和无能，以至于只有我们占有它们的时候，也就是只有它们作为资本为我们而存在，被我们所享有，被我们吃，被我们喝，即为我们所用的时候，物质才成为我们的。我们拥有所有的财富，然而我们是贫乏的。因为我们所有很多，而我们所是很少。”

不会玩的一代人

结果，一般人都感到没有安全感，感到孤独和压抑，在芸芸众生中生活，却没有乐趣可言。对于人来说，生活毫无意义，他朦胧地意识到生命的意义仅仅在于他作为一个“消费者”。如果不是社会提供给他无数的逃避途径——从电视到镇静剂，使他忘记他正愈来愈多地失去生活中有价值的东西，他就会无法忍受毫无乐趣、毫无意义的生活。（《人的呼唤——弗洛姆人道主义文集》）

我们是不会玩的一代人。如果拿走所有的电子设备和娱乐设施，我们的生活将变得无所适从、毫无乐趣。我们已经丧失了从生活本身和多彩的大自然中寻找快乐的本领。

理性的逐渐丧失

教育，从初等教育到高等教育，都已经达到了顶峰。然而，人民受到的教育愈多，就愈缺乏理性，缺乏判断力，缺乏信念。充其量也不过是他们的智力得到了提高。但是，他们的理性——他们透过事物的表面去了解个人和社会生活中本质力量的能力——却越来越枯竭。人们的思想越来越从感情中分离出来。人们容忍盘旋在整个人类上空的核战争的威胁这一事实，恰恰表明了现代人类已经发展到了这般境地，以至于我们必须对他的理性提出疑问了。（《人的呼唤——弗洛姆人道主义文集》）

如果缺乏理性，我们必将沉沦为机械化体制的塑造物，这样我们的自由就彻底丧失了。因此，必须警惕自我的沉沦，警惕理性的丧失。

人不能成为机器的奴仆

人，不是他所创造的机器的主人，却成为了机器的奴仆。然而，人并不是生来就被创造为物的，也不只是满足于消费的物，人自身的生命力量不能包含在不断的服从中。我们只有一种选择，那就是，重新成为机器的主人，使产品成为手段而非目的，使产品为人的全面发展服务——否则，被抑制的生命能量将以混乱的、毁灭性的形式呈现出来。（《人的呼唤——弗洛姆人道主义文集》）

人生在世，其价值不在于外在的功利目的，而在于内心的自适和惬意。但是在人所创造的机器世界中，人的自适和惬意却杳无踪影。弗洛姆警告我们，人不是机器，更不是机器的奴仆，保持人的理性才能获得生命的自适和惬意。

和谐与爱的原则正在失落

然而，不管我们选用什么样的求证，新、旧资本主义某些基本的要素还是共同的：它们奉行的不是和谐与爱的原则，而是给每个人带来最好结果的个人主义、自我主义原则；它们不是以意志、理想和计划来调节社会生活，而是以非人格的结构方式和市场来调节社会生活。资本主义置物（资本）于生命（劳动）之上，权力来自于财产，而不是人的活动。（《人的呼唤——弗洛姆人道主义文集》）

真正富有人性的生活，是在和谐与爱的氛围中自得其乐的生活。但是个人主义原则和自我主义原则却以竞争和自私，让人处于永恒的争斗之中。鉴于此，我们在生活中必须克服内心的自我主义，呼唤和谐与爱在生活中重现，只有这样我们的世界才能更温暖。

人被操作成一种“消费人”

现代资本主义创造了人的全面发展的附加障碍，它需要的是服帖的，由工人、工程师、消费者组成的生产队。……生产以资本投资必须带来利润作为指导原则，而不是以人们的现实需要决定生产作为指导原则。既然所有的产品，包括收音机、电视机、书籍和医药，都服从于利润原则，那么，人就被操纵成一种有害于人的精神，有时也会有害于人的肉体的“消费人”。（《人的呼唤——弗洛姆人道主义文集》）

由于电脑、手机、网络等电子产品的存在，今天的人们要获得独立于机器的个体人格，就必须付出更大的努力。君不见，各种“电脑控”“手机控”和“网络控”在我们生活中比比皆是吗？

多关注他人

我们的社会在实现根植于我们的精神传统之中的人类愿望上的失败，给我们这个时代提出了两个最迫在眉睫的实践问题——西方的富裕与三分之二人类的贫穷之间的和平与平等问题，以及带来的直接后果。作为总体后果的现代人的异化，使得人类很难解决这些问题。因为他崇拜物并且失去了对生活、对他自己及其同伴的崇敬之情，他不仅无视道德原则，而且也无视有益于他的生存的理性思考。（《人的呼唤——弗洛姆人道主义文集》）

在忙碌的生活中，我们越来越低头关注自己的“一亩三分地”，而忘记抬头看看周围一样忙碌的同伴。尝试着花更多的时间关注他人，或许我们自己的问题也会迎刃而解。一起面对生活，生活才会更美好。

人生的目的是欲望的满足吗？

继亚里斯提卜之后，十七、十八世纪的哲学家们又一次明确地提出了，人生的目的就是满足人的一切愿望这个理论。当时，“益处”一词已经不是说“心灵上的获益”（像《圣经》和斯宾诺莎的著作中所说的那样），而是表示物质上或财政上的获益，因此这种观念也就很快地流行起来。在当时那个时代里，市民阶层不仅挣脱了政治上的束缚，而且也抛弃了爱和团结这两个把人们联系在一起的感情纽带。他们开始觉得，一个人如果只为他自己的话，那他只会比现在的他得到的更多而不会更少。在霍布斯看来，幸福不过是一个接着一个的欲望；拉美特里甚至向人们推荐吸毒，因为毒品起码可以唤起幸福的幻觉。德·萨德则认为，满足那些残忍的冲动本身就是合理的，因为这些冲动存在和要求得到满足。生活在市民阶级获得最后胜利时代中的思想家都是这样。一度属于贵族非哲学的实践的东西，现在又成了资产阶级的实践和理论了。（《占有还是生存》）

这种在西方流行的价值观如今在中国非常普遍，它的合理性何在？在反对宗教和伦理禁欲主义的时代，他们具有进步意义。但是在今天，我们是不是到了反思这一思想危害的时候了呢？

吃饭时吃饭，睡觉时睡觉

自第一次世界大战结束以来，我们这个时代在相当大的程度上又回到极端享乐主义的理论和实践上去了。尽情享乐的观念与纪律严明的劳动理想形成鲜明的对照。这种矛盾还表现在：一方面接受那种强制性的劳动道德，一方面又希望在一天的业余时间里和假期之中无所事事；一面是传送带和官僚机构的繁文缛节，一面是电视机、小汽车和性刺激，两方面矛盾地结合在一起。强制性工作和什么都不做都会使人精神崩溃。只有将这两者结合起来才会使生活变得可以忍受。（《占有还是生存》）

我们每天都忙忙碌碌，但我们究竟在忙些什么，似乎又没有多少人能说得清楚。忙碌时，我们向往闲暇，闲暇时，我们又会感到莫名的恐慌。

佛曰："吃饭时吃饭，睡觉时睡觉。"不管是享乐主义还是务实劳作，顺其自然就是最好。

利己主义的错误

利己主义不仅仅是我行为的一个部分，而且也是我的个性中的一个方面。我对其他所有的人都抱一种敌视的态度，我想欺骗我的顾客，毁灭我的竞争者和剥削我的工人。我永远不会满意，因为我的愿望和要求是无止境的。我嫉妒那些比我占有得多的人和害怕那些比我捐出得少的人。但是，我必须要驱除所有这些情感，像所有的人那样面带微笑，装成是一个理智的、诚实的和友善的人。（《占有还是生存》）

利己主义意味着，我想把一切都据为己有，能够给我带来欢乐的不是分享，而是占有，我不得不总是那样贪婪，因为占有就是我生活的目的，我占有得越多，我的生存实现得也就越多。但因此，我们的世界就成为了冷冰冰的世界，而不是一个温暖的家。

经济的目的在于对人类有益

十八世纪的资本主义社会逐步地发生了一种深刻的变化：经济行为与伦理学和人的价值观分离开来。经济活动被视为一个自主的整体，不受人的需要和人的意志的制约。也就是说，经济行为是一个有着自己的动力和规律的运动着的系统。工人的贫困以及由于大康采恩的持续增长而造成越来越多的小企业破产被当作是经济上的必然，就像对待自然规律所造成的后果一样，对此人们也许会表示遗憾，但不得不接受现实。决定经济系统发展的问题不再是：什么对人有益，而是，什么对系统的增长有益。（《占有还是生存》）

经济发展的目的在于造福人类，而不是人的存在是为了经济的发展。如果经济的发展对人类没有益处，那就是过度发展，是无益的发展。这是弗洛姆对我们这个忙碌而冷漠的时代的警告。

遗失的美好

人对自然界抱有一种深深的仇视态度。我们人是一种“变化无常的自然”，自然界是我们生存的条件，所以我们只是自然的一部分。可是我们人又具有理性天赋，这又使我们超越于自然界。我们为了解决自身生存的问题，而放弃了对美好的弥赛亚时代——人类与自然界和谐一致——的憧憬。我们奴役自然，为了满足自身的需要来改造自然，结果是自然界越来越多地遭到破坏。（《占有还是生存》）

我们以为，只要不断地索取，我们就能更快地靠近目标；却不知道，终有一天，我们会懊恼地发现，因为贪婪，我们已经遗失了太多的美好。不论是对大自然，还是对朋友、对家人，也许我们每个人都在犯着这样的错误。

给自己治治病

人从根本上改变自身的必要性不仅仅是一种伦理道德或者说宗教上的要求，也不只是根据我们现今的社会性格的病原性质而得出的一个心理学上的假设，而是人类维持自身生存的先决条件。正确地生活就是按照某种道德或宗教信条去做，现在已经不能这样说了。在人类历史上第一次出现这样的情况，即人类肉体上的生存取决于人能否从根本上改变自己的心灵。只有在经济和社会发生深刻变革的情况下，人的“心”才会转变。因为经济和社会的变革使人有机会去转变和获得为达到这种转变所需要的勇气和想象力。（《占有还是生存》）

电视、网络、手机，日益发达的传播媒介让我们的生活越来越局限在自己的小天地里，足不出户就可以了解外面的世界，知道朋友的生活。这在方便生活的同时，也让我们日益失去了对大自然的敬畏和亲近，失去了对他人的尊重和关怀，变得越来越肆无忌惮、冷漠无情。是时候反思自己的生活，给自己把把脉；走出家门，给自己治治病了。

不要等待灾难降临

一个人宁愿等待着预期的灾难的降临，也不愿眼下做出一些牺牲。这也是我们自我生存的本能衰亡的一个原因。A·凯斯特勒曾向我们讲述了他在西班牙内战时期的一段经历，这就是一个具体的例子：当佛朗哥的军队向前推进的消息传来时，他正在朋友舒适的别墅里。一夜之间佛朗哥的军队肯定会来到这里，这一点是毫无疑问的。他很可能会被枪毙，但现在逃跑还可以保存性命。但是夜里那么冷，又下着雨，而屋子里又是那么温暖和舒适。他没有走，结果被捕了。几周之后，由于一些友好记者的努力他才奇迹般地得救了。一些病人也有同样的行为，他们宁愿冒生命危险也不愿让医生检查一下，因为可能会诊断出某种严重的疾患而必须做一次大的手术。（《占有还是生存》）

人类的命运掌握在自己的手中，我们不行动，就只有等待灾难的降临。因此，承担起自己应该履行的责任是自救的第一步。

活着就有希望

在占有（having）和存在（being）之间进行选择并不需要常识。占有似乎是我们生活的一种正常的功能：为了活着，我们必须占有物品。而且，我们必须占有物品，才能享用它们。占有——占有越来越多的物品——成了最高的目标，人们在谈论某一个人时可以说，他“值一百万美元”。试问，在这样一种文化中，人们如何能在占有和生存之间作出选择？相反，从表面上看来，存在的本质就是占有；假如一个人一无所有，那么，这个人也就一文不值。诚然，伟大的先哲们都曾把占有和存在之间的选择看作是各自体系中的一个主要问题。释迦牟尼教导人们说，为了达到人发展的最高阶段，我们必须抛弃占有物品的欲望。耶稣则指出：“因为凡要救自己生命的，必丧掉生命。凡为我丧掉生命的，必救了生命。人若赚得全世界，却丧了自己，赔上自己，有什么益处呢？”（《路加福音》）爱克哈特大师则认为，一无所有，胸怀坦荡，“两袖清风”，不受自我的干扰便是获得精神健康和精神力量的条件。

马克思说，奢侈和贫困一样是一种罪恶，我们的目的应该是存在得更好，而不是占有得更多。（《占有还是生存》）

小说《白鹿原》中有这样一段话："好好活着！活着就要记住，人生最痛苦、最绝望的那一刻是最难熬的一刻，但不是生命结束的最后一刻。熬过去、挣过去就会开始一个重要的转折，开始一个新的辉煌历程；心软一下熬不过去就死了，死了一切就都完了。好好活着，活着就有希望。"

在"占有"和"存在"之间不知如何取舍的人们，或许可以从这段话中寻得些许的启发。

你为什么而消费

消费者永远是个婴儿，他哭着、喊着要奶瓶。饮酒和吸毒这些病态现象就足以说明这一点。……在闲暇时间里，小汽车、电视机、旅行和性生活是我们今日强制性消费的主要对象。人们常把这称作是“闲暇活动”，准确地说，这是“闲暇被动”。总而言之，消费是一种占有形式，也许是今天“商品过剩社会”中一种最重要的占有形式。消费具有双重含义。消费可以减轻人的恐惧心理，因为消费掉的东西不会被别人拿走了，但是这迫使我们越来越多地去消费，因为一度消费了的东西不能永远满足我们的要求。（《占有还是生存》）

现代的消费可以用这样一个公式来表示：我所占有的和所消费的东西即是我存在的价值。但真的如此吗？人生还有没有更高的需求呢？这些占有和消费又真的能让我们感到快乐吗？

占有式学习难以创新

在“占有”这种生存方式中，学生们只会用心地听课、记住老师讲的每一句话，从而理解它们的逻辑结构和意义，并尽量一字不漏地把它们记在自己的活页笔记本上，以便他们以后记住这些笔记，顺利地通过考试。学生们除了将讲课人陈述的东西（授课者自己所创造的或从别处转引来的）占为己有外，他们对讲课的内容可以说是一无所知。学生们在占有这种生存方式中所要达到的唯一的目的是，抓住自己所“学到的”一切，或者牢牢地记在脑海里，或者仔细地保存好自己的笔记本。他们不需要产生或创造任何新的东西。事实上，这种占有型的个人往往会因某一课题的新思想或新观念而感到不安，因为新思想或新观念动摇了他们所获得的固定的知识。（《占有还是生存》）

占有式学习实际上就是我们的应试教育。对于占有式学习来说，所学的内容不可能成为他们自己的思想体系的一部分，不可能丰富和扩大他们的思想体系。相反，他们只会把自己所听到的语词变为一连串固定的思想或完整的理论储存起来，而永远不会知道如何创新。

创造性的学习

对于那些以“存在”的方式与世界发生关系的学生们来说，学习的过程则全然不同了。一开始，他们并不急于去听课，即便是一门课程的第一讲，即所谓的开场白。上课之前他们先考虑一下这堂课将要论及的问题，在脑子里准备一些问题或自己所遇到的难题。他们总是在考虑某个题目，并为之心驰神往。他们不是被动地接受讲课的内容和思想，而是带着耳朵听，全神贯注地听讲。更为重要的是，他们领悟并主动地、创造性地作出反应。……每一个学生不仅仅是去占有知识，即把知识带回家、装进自己的记忆中去，而往往是受这些知识的影响，使自己发生变化。（《占有还是生存》）

这是一种真正的创造性的学习方式。最好的学习方式不是听课，而是将精力全部集中在自己的思维过程中。这样，知识才能内化为自己的思想。

评价他人的资格

假如我确信一个人人格的协调性，我不能总是去“验证”这一点直至他死。我的这种确信是基于我对另一个人的彻底的了解，基于我对爱和这种协调性的经验。能否具有这样一种认知，要看一个人在多大程度上能让其自我保持不介入的态度和能否认识对象本人的实际状况及其内在力量的结构，以及能否既把他视为具有个性的个人，同时又把他看作整个人类的一部分。只有这样，我们才能知道，什么是能做的，什么是不能做的和将做些什么。……这种信任是建立在事实基础上的，因而也是合理的，然而这些事实又不是用通常的实证主义心理学方法可以确认和“证明”的。我只能借助于积极主动地生活着的我把这些事实“记录”下来。（《占有还是生存》）

我们不是别人，所以，我们对他人的评价和判断也只能是依赖主观经验的结果。要想对别人做出恰当的判断，我们自己就必须拥有独立的思考能力和明确的是非观念，否则，我们还远远没有评价他人的资格。

第三章

心灵的奥秘

人类如何才能获得心灵上的快乐？弗洛姆告诉我们，答案就是要努力实现“创造性生存”，学会勇敢地听从自己内心的声音，学会用自己的努力为世界创造价值，学会爱他人，学会爱自己。到那时，我们就会发现，自己被他人和整个世界迫切地需要着，我们的存在具有意想不到的价值。

可现在，太多的人为日复一日的操劳而累，在纸醉金迷的虚幻生活中迷失自我，已经太久没有停下来听听自己内心的声音，回头看看自己走过的路了。而当一个人不知道自己从哪里来，又要到哪里去的时候，他的忙碌又有什么价值，他的生活又怎会快乐呢？

弗洛姆用敏锐的目光审视现代人的生存危机，引导我们与自己的心灵对话。他告诉我们，人生的快乐和价值不在于改变世界，而在于改变自己。正如文学家、画家丰子恺先生所说：“你若爱，生活哪里都可爱；你若恨，生活哪里都可恨；你若感恩，处处可感恩；你若成长，事事可成长。”

弗洛姆为我们开启了一扇探究心灵奥秘的天窗，就让我们跟随大师的脚步，一起领略精神的力量和生命的魅力吧。

在出生之前死去

就个人而论，肉体的出生，绝不是看起来那样具有决定性和独特性的举动。由子宫内到子宫外的生活，诚然是一次重大变化，但是从多方面看，生下来的婴儿与未出生的婴儿没有什么区别，他感觉不到外界事物，不能养活自己，完全依赖母亲，如果没有母亲的帮助，他就会死亡。实际上，出生的过程仍然在继续。孩子开始认识外界的东西，作情绪上的反应，去抓东西，协调自己的动作，学走路。但是，生的过程仍在继续。孩子学说话，学会了解东西的用处和功能，学会与他人作比较，学会躲避惩罚、得到赞扬与喜爱。渐渐地，这个日益成长的人学会去爱，去拓展理性，去客观地看世界。他开始发展自己的力量，获得自我感，为了完全的生活，克服感官的诱惑。按照习惯说法，从广义上讲，出生只是生的开始。个人的整个一生不是别的而是自己不断诞生的过程。的确，我们在死亡之时就应当完全诞生——虽然大多数人的悲惨命运却是在生之前便死了。（《健全的社会》）

个体不断成长的过程就是个体精神不断更新的过程，而每一次个体精神的更新就意味着个体的重新诞生，意味着个体精神层次的不断提升。经历的事情越多，思考的东西越多，我们就会长大得更快。而那些故步自封的人就只能停留在精神的较低层次，最终如弗洛姆所说“在出生之前便死去”。

你还好吗?

我们精神健全吗?大多数人都不会认为自己精神有问题。虽然事实上我们之中有很多人患了或轻或重的心理疾病,但是,这并没有使我们怀疑我们精神健康的总的标准。我们深信,只要介绍一些较好的心理卫生方法,我们就能进一步改善我们的精神健康状况。对于个人的精神障碍症,我们则仅仅视之为个别事件。也许,我们会感到惊讶,在本应是健全的文化中,怎么会发生这么多这类事情。人们普遍相信,生活在20世纪西方世界的人精神十分健全。我们有把握地说,我们不是在自欺欺人吗?许多住在精神病院的病人都确信,除了自己,人人都是疯子。众多的严重神经症患者认为,自己的强迫性固定行为或歇斯底里的发作,都是对多少有点不正常的环境作出的正常反应。我们自己的情形又是怎样的呢?(《健全的社会》)

你的精神状态好吗?不要急着指责他人的错误,先静下心来看看自己。判断的标准只有一个,那就是你是否常常感到内心的平静和满足,不论环境和旁人如何。

自我意识是人的根本

在动物进化的某一个点上，发生了一次独特的突破，这种突破可以同物质的首次出现、生命的首次诞生以及动物的首次出现相比。在进化过程中，当行为不再主要由本能所决定，对自然的适应不再具有强制的性质，行动不再受制于遗传所赋予的机制之时，这一新事件发生了。当动物超越了自然，超越了生物的纯粹被动的地位之时，当它（按照生物学上的说法）成了最不能自助的动物之时，人便诞生了。此时，这种叫人的动物靠直立行走的姿势将自己从自然中解放出来，他的大脑发育远远超过了最高等的动物。（《健全的社会》）

500多万年前，自我意识的觉醒将人和动物区分开来，作为最高等动物的人类诞生了。但时至今日，似乎越来越多的人忘记了如何独立思考，如何忠于内心。

不如释然

人是唯一发现自己的生存是一个问题的动物，他不得不去解决这个无法逃避的问题。他不能回到人类之前那种动物与自然和谐相处的状态，他必须着手发展他的理性直到他成为自然的主人、他自己的主人。（《健全的社会》）

我们每个人都可以成为自己生活的主人。正如丰子恺所说："你若爱，生活哪里都可爱；你若恨，生活哪里都可恨；你若感恩，处处可感恩；你若成长，事事可成长。不是世界选择了你，是你选择了这个世界。既然无处可躲，不如傻乐；既然无处可逃，不如喜悦；既然没有净土，不如静心；既然没有如愿，不如释然。"（《豁然开朗》）

为自己创造一个家

的确，《圣经》上的天堂神话把这种情况（人类的诞生）说得十分明白。在伊甸乐园中，人与自然完全和谐相处而不知自己身为何物。当他第一次反抗命令自由行动之后，便开始了人的历史。接着，他意识到了自我、他与自然的分离，以及他的无助。他被逐出了天国的乐园，两名天使用火红的剑封住了他的回程。人的进化建立在这样一个事实的基础上：他失去了原来的家——自然，再也不能返回，再也不能重新成为动物了。他只有一条路可走：从他自然的家完全超脱出来，去寻找一个新家——一个他创造的家。（《健全的社会》）

人类的发展史是一个和大自然逐渐分离，寻找和创造新家的过程。我们每一个人的成长史是一个和父母逐渐分离，独自面对世界的过程。

在与迷茫和困境搏斗的过程中，心灵的成长自然而然地就实现了。

人的成长是不断的否定

从根本上讲，人的诞生是一种否定的行动，他被迫与和谐共处的自然分离，被抛到了这个世界上，他再也不能回到原来的境地。这一事实意味着，生的过程绝不是一件舒服的事。他每向这种新的存在迈进一步，都会感到担忧和害怕，也就是说，他总是放弃已经熟悉的安全状态而追求尚无把握的新境地。（《健全的社会》）

人的诞生是一次否定的行为，是对动物性的本能生活方式的抛弃，但同时要承担更大的生存风险。

人的成长也是不断否定的过程，否定已有的成绩，放弃已熟悉的环境，迈向未知的前程。

人类强大的生存力量

人每前进一步都会感到恐惧和痛苦，直到他达到了某一点，他才不那么害怕和怀疑。这种两极倾向决定着除了生理需要（饥、渴、性）之外的人的一切主要需要。人得解决问题，他永远不能安稳地停留在顺应自然之中。正是从人的这两种倾向中，我知道了弗洛伊德关于生存和死亡本能的假说核心。我与弗洛伊德的理论不同的地方在于，我认为，向前的与后退的本能冲动所具有的力量，并不与生物本能相一致，通常的情况是，人越成长，向前的生存本能的力量也就越强。（《健全的社会》）

弗洛姆告诉我们，人必须在倒退与前进之间作出一个选择，人人都逃脱不了这种选择。选择倒退也许能享受一时的安逸，但终将追悔莫及；选择前进必然要忍受磨炼的痛苦，但一切都会成为美好的回忆。

人生的目的在于解决问题

推动人行为最强有力的力量来自人类生存的条件，即“人类状况”。他的肉体告诉他应该吃什么，该躲什么，而他的良心则告诉他哪些需要应该培养、满足，哪些需要应该让它枯萎、消亡。饥饿与胃口是人生来就有的肉体机能，而良心则是潜在的，需要人与各种原则的指导，这些原则只是在文化成长的过程中才得以发展。人的所有感情和奋斗精神都表现在人为寻求生存答案所作出的努力上，或者说，表现在人为了避免精神错乱的努力上。顺便一提的是，精神生活的真正问题并不是为什么有些人会发疯，而是为什么大多数人想逃避神经错乱。（《健全的社会》）

人的一生都在解决各种各样的问题：肚子饿的问题，想睡觉的问题，害怕的问题，获得快乐的问题……当生活遇到问题的时候，无须困扰，因为问题中往往蕴含着前进的可能和成功的机遇。

逃脱孤独的牢狱

人从那种标志着动物存在的且与自然统一的原始结合中分裂出来。由于他既有理性，又有想象，他意识到了他的孤独与分离、他的无力与无知，以及生与死的偶然性。如果他找不到与同胞相连的新联系，以取代受制于本能的旧联系，那么，他一刻也不能忍受这种存在状态。即使他所有的生理需要都得到了满足，他也会觉得这种孤独与孤立状态像个牢笼，他必须打破牢笼以保持精神健全。实际上，神智错乱的人，就是那种完全无法同他人建立任何联系的人，即使他没有受到有形铁窗的监禁，也是个被困在无形牢狱的囚犯。（《健全的社会》）

与他人相关联，被他人需要，这是每个人内心的迫切需求。因为，只有如此，我们的存在才能体现出价值。所以，当你感到孤独焦虑的时候，走出去认识不同的人，给予他人帮助，就能帮到自己。

心灵上的平起平坐

他可以用顺从的方法来与这个世界成为一体——顺从于一个人、一个团体、一个组织，或者顺从于上帝。……另一种克服分离的可能性，则在相反的方向：人可以用控制世界的方法，使他人成为自己的一部分，使自己与世界相结合，也就是用统治的办法来超越自身的个体存在。顺从感（受虐狂）或者统治感（虐待狂）这两类感情的产生，都不能得到满足。这两类感情都具有自我推动力，而且，由于顺从感或统治感（或占有感，或名利思想）无论增加多少都不能给人以自我身份感，因而人们的顺从和统治的欲望也愈来愈强烈。这些感情最终将导致失败，而不会有其他结局。（《健全的社会》）

不论是毫无条件的顺从还是严酷的统治，都无法让人真正感到自己和他人之间存在着紧密的联系。人类内心向往的联系是一种心灵上的靠近，是心灵平起平坐之后的促膝长谈。这也是为什么当权者和有钱人往往更容易感到孤独的原因。

不要为爱失去自己

人身上只有一种感情能满足人与世界结合的需要，同时还能使人获得完整感和个性感，这种感情就是爱。爱就是在保持自我独立与完整的情况下，与自身之外的他人或他物结为一体。重要的问题是爱的品质如何，而不是爱的对象是谁。在爱的行动中，我与万物结合成一体，但我又是我自己——一个独特的、独立的、有限的、终有一死的人。（《健全的社会》）

在健康的爱的关系中，任何一方都在付出爱和享受爱，但仍然还是一个“独特的、独立的”的人，这样的爱才是有益的。不幸的是，有太多的人在盲目的爱中失去了自我。

做一个创造者

人可以创造生命。这确实是他与其他生物都有的神奇特质，但是人不同，他自己就能意识到，他是被造者，也是创造者。人能创造生命，更恰当地说，女人能创造生命——她生孩子，照顾孩子，直到孩子长大成人，能够管理自己。人——男人和女人——能从事各种创造活动：播种，生产物品，创作艺术，创立概念，彼此相爱。通过创造，人超越了自己的生物地位，超出存在的被动性和偶然性，而进入了有目的的、自由的王国。人的超越需要是爱、艺术、宗教以及物质生产的源泉。（《健全的社会》）

通过自由的创造改变生活，在这样的过程中人才能感受到自己生命的意义，感受到自己生存的价值。

没人真的想做错事

我们说，人能发展自己的主要潜力去爱，去思维，并不意味着我们相信了“人本善”的天真说法。破坏性是人的次要潜力，只要有人存在，就有这种属性，它的强度和力量同人的任何感情一样有力。但是，破坏性只是创造性的替换物（这是我的主要论点）。当创造的意志无法满足之时，破坏的意志就会抬头。不过，满足创造的需要将会拥有幸福，而破坏则会对人，尤其是破坏者本人，造成痛苦。（《健全的社会》）

弗洛姆告诉我们，只有充分发展人的创造性，破坏性本能才能得到抑制。创造性和破坏性、爱和恨，并不是独立存在的两种本能，它们是对实现“自我证明”和“自我超越”目标所提供的两种解答。

如果我们的孩子、爱人或者朋友表现出了他们的破坏性本能，也许我们应该反思自己。因为没有人真的想做错事，或许是我们人为地阻碍了他们的自由创造之路。

想好了再做

如果我们在人身上发现了一种深切的渴望，渴望不割断与自然的联系，不割断与自然、与母亲、与血缘以及与土地相分离的感情，我们会感到奇怪吗？最根本的自然关系是孩子同母亲的关系。孩子在母亲的子宫里开始了生命，在子宫里停留了比大多数动物长得多的时间。就是出生之后，孩子仍然不能自助，完全依赖着母亲，而这种无助与依赖的时间，也大大长于其他动物。在生命的头几年中，母子之间不存在完全分离的问题。（《健全的社会》）

我们每个人对母亲、对家乡都有特殊的感情，但都无可避免地要面对是否离开母亲、离开故乡的抉择。不论如何选择，都可以理解。但重要的是，这种选择一定要是深思熟虑的结果，要想好了再做。

每个人都有两种“良心”

有一个声音告诉我们去尽职责，也有一个声音告诉我们去爱，去原谅——爱自己，爱别人，原谅自己，也原谅别人。确实，两种良心最初都受到了父亲式及母亲式人物的影响，但是在成熟的过程中，良心变得愈来愈脱离原始的父母形象，愈来愈独立。这就好像，我们成了自己的父亲、母亲，也成了自己的孩子。我们内心的父亲告诉我们“你该做这，不该做那”：要是我们做错了事，他会责骂我们；如果我们做对了，他会表扬我们。不过，我们看到，世上不仅有父亲般的良心，也有母亲般的良心；与此同时，我们内心的母亲却以完全不同的方式说话，她仿佛说道：“你父亲骂你是对的，不过你也不要把他的话当真了。不管你干了什么，都是我的孩子，我会爱你，会原谅你。”父亲和母亲以不同的语言说话，实际上，他们说的，似乎刚好相反。内心的父亲和母亲的声音所说的，不仅针对人对自己的态度，也涉及人对他人的态度。他可能会用父亲般的良心来评判他人，但是同时，他必须听听内心的母亲的声音，内心的

母亲感到应该爱所有同胞，爱所有活着的人，原谅一切越轨行为。（《健全的社会》）

就好像疼痛感能让我们更好地保护自己一样，内心的矛盾感也是建立完善人格必不可少的要素：要爱所有人，如慈母对子女；要爱得有原则，如严父对孩子。

个性觉醒的快乐与烦恼

人的身份感是在脱离母亲及自然的“原始束缚”的过程中发展形成的。婴儿仍然感到与母亲同为一体，因而还不能说“我”，他也没有这种需要。只有当他形成了这样的概念——外部世界是独立于自己之外，与自己不同——的时候，他才逐渐意识到自己是一个独特的个体。在与自己相关的一切中，他学着说的最后一个字便是“我”。在人类发展过程中，人意识到自己是一个独立自我的程度取决于他脱离部族的程度，以及个性发展的情况。（《健全的社会》）

个性的觉醒就是个体意识的苏醒。人开始认识到自己不能被动地活着，而应该主动地去生活。这样，人就不得不丧失同大自然原有的一体性，不得不学着自己作出决定，开始独立承担生存的责任。

所以，如果你正苦恼地独自面对各种选择，或者正忐忑地学习如何承担责任，那么恭喜你，你已经开始向“长大成人”迈进了。

我是谁？

原始部族的成员会用这种方式来表达他的身份感：“我即我们。”他还不能完全把自己看成是独立于团体的“个人”。在中世纪，个人的身份是由他在封建等级制中所处的社会地位来定的。农民并不是碰巧当了农民的人，封建领主也不是碰巧成了领主的人。他生来就是一个农民或领主，这种不可变更的地位感，就是构成他身份感的主要因素。当封建制度瓦解之时，这种身份感也动摇了。人提出了这样一个尖锐的问题：“我是谁？”或者更确切些，“我怎么知道我是谁？”这是笛卡儿以哲学方式提出的问题。对此，笛卡儿作出了这样的回答：“我怀疑——故我思，我思——故我在。”这一回答只强调了作为主体的“我”的一切思维活动的经验，而没有能够看到，在感觉及创造性活动的过程中，也能体验到“我”。西方文化发展的方向就是创造个人充分体验个性的基础。（《健全的社会》）

能用清晰明确的语言回答“我是谁”，并把自己和他人很好地区别开的人并不多。因为，首先，能有意识地反省自我、认真思索“我是谁”的人并不多见；其次，拥有区别于他人的独立个性和人格的人就更加难得了。

成为自己希望的自己

> 国家、宗教、阶级以及职业提供了某种身份感。“我是美国人”“我是新教徒”“我是商人”，这些说法便是在原有的部族身份感消失之后，真正的个人身份感获得之前，帮助人体验身份感的表达方式。……身份感日益转变为与群体协调一致的经验。因为我不是与众不同，因为我跟别人差不多，因为别人承认我是“一个大家欢迎的人”，所以我能觉得自己是“我”。这正像意大利戏剧家皮兰德娄在他的一部剧里所说的：我就是“你所希望的我”。（《健全的社会》）

就像不可能每个人都喜欢你一样，每个人对你的期待也不会相同。所以，想通过成为“你所希望的我”而在集体中获得归属感，几乎是一件不可能的事情。这远没有成为自己希望的自己来得“划算”。因为和成为别人希望的自己相比，你更清楚如何成为自己希望的自己，而且更容易从中获得快乐。

建构理性的身份意识

人们宁愿冒生命危险，放弃自己的爱，舍弃自己的自由，牺牲自己的思想，为的就是成为群体的一员，与群体协调一致，并由此获得一种（哪怕是想象的）身份感。（《健全的社会》）

作为社会的一份子，人不可能完全不理会他人的期待和评价，因此，按照他人的观点来改变自己也无可厚非。但关键在于，是否能保持独立的思考，坚守住自己做人的原则。如果单纯为了迎合他人的喜好，不惜“放弃自己的爱，舍弃自己的自由，牺牲自己的思想”，这又和行尸走肉有什么区别呢？

可以不聪明

尽管从生物学的角度看，人类的脑力数万年来都一直差不多，但是，达到客观的境地（即有能力按照世界、自然、他人、自己的本来面目去看，不受欲望或恐惧感的影响）却是一个很长的进化过程。人的客观性越发达，他就越能接近现实；越成熟，也就越能创造一个适合自己的人类世界。理性是人以思想改变世界的本能，它与智慧形成了对照；智慧是人借助于思想改变世界的能力。为了发展理性，就得培养理性。我这样说的含义是，客观认识的功能是指对自然、人、社会以及自身的认识。（《健全的社会》）

德国诗人海涅曾说："照耀人的唯一的灯是理性。"理性与智慧不同，理性是认识世界的工具，智慧则更多的是改变世界的必需品。一个人可以没有非凡的智慧，但只要做到凡事听从理性的引导，就会少走一些弯路。

以理性的方式生存

人需要一种生存目标，这种需要包含两个层次。第一个层次，也是比较基本的，便是要有某种倾向参照系，不管这种参照系是真实的，还是假的。只有当人有了这种满足主观愿望的参照系之后，他才能健全地生活。第二个层次是，人需要以理性来接触现实，客观地理解世界。但是，发展理性的需要不及发展倾向参照系的需要那么急迫，因为对人来说，发展倾向参照系关乎他的幸福，而不是他的精神健康。我们研究了理性化的作用之后，这一点就会十分清楚了。人不按理性行事是件容易的事，但也几乎不可能不给他的行动装扮上合理动机的外表。（《健全的社会》）

一个人，无论他的行为多么不合情理，多么不道德，他都会竭尽全力地使这种行为合理化，这是人的本能。但这里的合理化往往是感性思考的结果，是不理智的。人行为的理性与否不是以自己的感情为评判标准的，而要通过他人和社会的认可才能获得证明。

吃饱睡足之后

精神健康的概念取决于我们的人性概念。人与动物共有的需要——饮食、睡觉、性满足——非常重要，因为这些需要根源于身体内部的化学组成和反应过程，如果得不到满足，就会愈来愈强烈（当然，食物和睡眠的需要比之性需要来说，更是如此，因为未满足的性需要，至少从生理角度讲，并不具有那么强大的力量）。不过，即使全部满足了这些需要，也不足以使人精神健全、健康。精神健全、健康的条件在于人的那些需要和感情是否得到了满足，这些条件产生于人类处境的状况：人的需要与他人相关，需要超越，需要一个根，需要身份感，需要目标及奋斗方式。人的七情六欲、对权力的渴求、虚荣心、对真理的追求、恋爱及友爱的激情、破坏性和创造性，以及每一种促使他行动的强烈愿望，都来源于人类的特殊状况，而不是植根于弗洛伊德所制定的力比多发展的各个阶段。（《健全的社会》）

从心理学的角度讲,人解决生理需要的方法十分简单，而要解决纯粹的社会和经济需要则非常困难。人的需要是一个极其复杂的问题,解决这个问题取决于很多因素，最终还与一个合理的社会制度相关。因此，在满足人的生理需求之后,还能满足人的精神需求的社会,才是一个真正健康的社会。

谁也离不开谁

人必须同他人发生关系。但是如果这种关系是以共生或异化的方式形成的，他便会丧失独立性和完整性；他会虚弱，感到痛苦，变得敌视他人，或者情感淡漠。只有在生产劳动中，他才同自然发生关系，与自然结合成一体，又不被自然所淹没。人只要仍然同自然、母亲、部族保持着太过依赖的扎根关系，就无法发展自己的个性及理性，就仍然是为自然所俘获的无法自助的猎物，并且，他也绝不会感到同自然结合成了一体。（《健全的理性》）

谁也离不开谁不是说我们必须依赖他人才能生活，而是说，在生活中，我们无法不与他人发生联系。只有当我们以友爱的方式把自己和他人联系起来的时候，我们才会感到生命的完整和存在的价值。

水到，自然渠成

用不着说便很清楚，在两种可能的超越形式中，破坏性会导致痛苦，创造性能带来幸福。我们也很容易便能看到，只有那种建立在体验自己力量的基础上的自我意识才有力量，而一切以集团为基础的身份经验都会使人不能自立，从而使人虚弱。归根到底，只有当人达到了理解现实的境地，他才能使这个世界成为人的世界。如果他生活在幻想之中，他就绝不能改变产生幻想的条件。总之，我们可以说，精神健康的概念正是来自人类生存的状况，这种说法不仅适合于各个历史发展时期，也适用于各种不同的文化。（《健全的社会》）

想让禾苗长高，拔苗是没有用的，施好肥料，自然而然就长高了。想培养自己的理性思考能力和创造能力，苦思冥想是没有用的，多看、多想、多经历，全面发展，一切也就水到渠成了。

虚假的情感

在社会的很多场合，友谊、欢欣，以及微笑可以表达出来的任何事情，变成自动的反应，好像电灯开关一样，只要一开，便可以表现出来。当然，在许多情形下，人们是会发觉到，这不过是做作而已；可是，在多数的情形下，人们未能发觉到这种情形，因此，便失去辨别虚伪感觉和自发友谊的能力。人们装腔作势，抑制敌意，挽救友谊。不仅如此，很多自发的情感也遭到抑制，而代之以虚伪的感情。（《逃避自由》）

我们总以为认识的人越多，生活就会越快乐。不曾想，面对大多数人的时候，我们只能用虚假的情感去交流，而虚假的情感会让我们的内心感到孤独、无助，甚至绝望。而只有对极少数的人，我们才能敞开心扉。所以，要想日子充满快乐，身边有个能敞开心扉交流的伴最重要。

向死而生

对死亡和生命的悲剧方面的发觉，是人类的基本特质之一。每一种文化都有应对死亡问题的方法，希腊人强调生命，认为死亡不过是生命的一种朦胧而阴沉的延续。埃及人把他们的希望寄托在一个信念上，相信人体不会腐朽。犹太人现实地承认死亡这一事实，他们相信，人在世间可以达到幸福与正义的境界，有这种信念，他们才能安于生命终将毁灭这个观念。基督教认为死亡是不真实的，因此拿死后还有生命的诺言来安慰忧心忡忡的人们。我们这一代根本否认有死亡这回事，认为死亡是生命之外的事情。现在，非但不让人发觉到死亡这一事实，反而强迫个人去压制它。但是，被压制的因素，虽然看不到了，但仍继续存在。因此，对死亡的恐惧仍潜在地存在着。（《逃避自由》）

逃避生命中的悲剧并不能使悲剧不再发生，逃避面对死亡也不能阻止生命终点的到来。只有勇敢地承认死亡，才能用更加平和积极的心态过好活着的每一天。就像德国哲学家海德格尔所说："向死而生。"

创造性思考的消失

创造性的“思考”也和情感一样受到歪曲。从刚受教育开始，纯真的思考便受到打击，硬把现成的思想塞入人们的脑子里，我们可以很容易地看到，如何“修理”儿童思想的情形。他们对世界充满了好奇心，他们想要认识这个世界，他们想要知道真理。但是，人们并不认真地对待他们——有的人明确地对他们显示出不重视，有的人则伪装成谦虚的样子。这种对待的方式，对独立性的思考是有很大的打击的，此外，还有一种态度，对独立思考有更坏的妨碍，那就是虚伪——通常出于无心的虚伪是一般成年人对儿童的典型行为。虚伪的形态之一是以虚构的事情告诉儿童。此外，有时成人为了各种原因，不愿让儿童知道真相，而撒谎想要隐瞒事实。例如，有的父母对孩子的行为感到不满，而大发脾气，且他们认为发脾气是应该的。现在流行的一种可悲的迷信想法是，只要知道的事实越多，一个人便可获得关于真实事情的知识。（《逃避自由》）

新西兰著名科学家卢瑟福是学术界公认的伟大的实验物理学家，被称为“原子核物理学之父”。有一天，他发现自己的一个学生特别勤奋，别人都在休息的时候，他还在忙碌地做着实验。于是，卢瑟福问这个学生：“你今天上午在做什么呀？”学生回答说：“上午在做实验。”卢瑟福又问：“那你下午在做什么呢？”学生答：“下午也做实验。”卢瑟福又问：“那晚上呢？”学生还是回答：“做实验。”卢瑟福勃然大怒，责问道：“那你用什么时间思考呢？”

不断地把知识灌输到孩子的脑子里，不论是真理还是谎言，对孩子的成长都是不利的。因为他们已经没有什么时间可以用来消化和思考了。

现代文明的病症

对于心理上的、经济上的、政治上的以及道德上的问题，我们的大部分文化所做的一件事，就是使这些问题神秘莫测。例如，我们的文化是推崇专家的文化，认为很多问题太复杂，非普通人能领略得了。其实正好相反，个人与社会生活的许多基本问题是非常简单的，是每个人都可以了解的。把这些问题弄得好像复杂万分，而唯有专家才能了解，难免使人们失去相信自己可以思考这些问题的能力。人们面对着一堆乱七八糟的资料，觉得一筹莫展，唯有等待专家来处理了。

另外一种使人们失去批评性思考能力的方法，则是对世界任何一种事实真相的破坏。事实失去了特性，只具有抽象的、定量的意义。在这方面，无线电广播、电影以及报纸，有破坏性的影响。无线电广播在宣布一个城市受到轰炸，有数百人死亡之后，紧接着便推销肥皂或酒。同一位播音员，以同样迷人而权威性的声调，先报告了政治局势，然后又为肥皂大做广告，试问，人们对他听得到的事情，还会真正关心吗？我们不再对此感兴

趣，我们的情感，以及我们的批评性判断受到了破坏，最后，我们对世界上发生的事情的态度，是漠不关心。（《逃避自由》）

在该专业的时候不专业，在该平实的时候不平实，在该严肃的时候不严肃，在该幽默的时候不幽默，这是我们现在最大的问题。

得到又能怎样

现代人似乎有太多的希望，因此，他的唯一问题似乎是，虽然他知道他要些什么，但是他不能得到它。在学校时，他们想要高分数，到了社会上，他们要事业成功，赚大钱，有声望，买更好的汽车，到各地观光等等。然而，如果他们能在这种疯狂活动的当儿停下来想一想，他们便会想到这个问题："如果我们真的获得了这项新工作，如果我有了这部比较好的汽车，如果我能去旅行——以后又怎样呢？做到了这些，又有什么用处呢？我是不是真的要这些东西？我是否在追寻某个目标，而这个目标假定会使我快乐，同时，当我达到这个目标，它会令我困惑？"（《逃避自由》）

我们真的知道我们想要的是什么吗？从高分数到好工作、高收入、大房子，似乎每一个目标都是别人或者这个社会硬塞给我们的。仔细想想这些所谓的目标实现了如何，不实现又能如何吧。或许想明白了，你就会发现：日子还长，生活很美，慢慢走也无妨。

我们都是好演员

人们常误把拼命活动当作有果断行为的证据，虽然，我们知道，这与演员的行为没什么大区别。一个演员在舞台上可以卖力地扮演他被指派的角色。然而，无论他演得多么卖力，他只不过是扮演一个别人交给他的角色而已。人们难以认清我们的希望，不是真正地属于我们自己的，而是外界加诸我们的，这种困难与权威及自由的问题，有密切关联。（《逃避自由》）

我们都是演员，在拼命地演着这个社会指派给我们的角色。我们以为，只要努力就会拥有幸福和快乐，却不知道，越努力，越投入，真实的自我和真正的快乐就会离我们越远，剩下的只是空虚的外壳。

我是谁，你是谁

现代人自我的丧失已增加了自己与其他人变得一样的必要性，因为自我丧失的结果是对自己身份的深切怀疑。如果我不肯定自己的身份，只能假定自己是什么人，那么“我”是谁呢？……意大利剧作家皮兰德娄在他的戏剧中曾说明了现代人的这种感觉。他提出这个问题：“我是谁？我有什么证据来证明，我是我自己，而不是我的肉体的延续？”他的答案与笛卡儿不同。笛卡儿是肯定自我，而他则是否定自我：“我没有身份，根本没有我自己，我不过是他人希望我是什么的一种反映，我是‘如同你希望的’。”（《逃避自由》）

自我丧失的结果是，每一个人和每一件事都成为了一种工具。人类以为自己有感觉、有思想、有意志，是属于自己的；但实际上，我们感觉到的、思考到的、意识到的，大多是这个社会想让我们知道的，这里面有几样东西真正是我们独立思考的结果呢？

我就是我

现代人表面看起来是满足和乐观的，但在这表面的背后，他是万分的不愉快。事实上，他濒临绝望的边缘。他拼命地依附着个人须有个性的观念，他想要“有所不同”，他极欲“标新立异”。人们把他的名字缩写，印在手提袋、扑克牌以及手提无线电上，使这些东西“人格化”，所有这一切行为无非表示人们渴望“有所不同”。然而，这些几乎是个人个性的最后遗迹了。但是，由于人成了机器，不能自发地体验生活，他好像是代表别人来追求兴奋与刺激。对现代人来说，这种自由的意义是什么呢？（《逃避自由》）

有些人极力迎合他人的期待，希望和别人没有什么不同，以此获得安全感；还有一些人极力追求与众不同，希望吸引他人的目光，以此获得满足。实际上，不论哪一种努力，都是不自信、不独立的表现。因为你就是你，不需要努力，也不需要所谓的证明。

对权威的过度依赖

表面上看来，人们在经济及社会生活方面，似乎过得不错，然而，忽视这舒适外表后面那根深蒂固的不愉快，则将是万分危险的。如果生命失去了生命的意义，那么，人便无可救药了。如果我们不能看出一般人的未经发觉的痛苦遭遇，那么，我们便不能发觉人性基础中威胁到我们文化的危险，即愿意接受任何理念和任何领袖，只要他能令人兴奋，只要他能给予人的生命一种在表面上似乎有意义及有秩序的政治结构与象征。（《逃避自由》）

生命意义感的丧失必然导致得过且过的人生态度，导致人云亦云以及独立判断的缺失，而这也是很多人过度依赖权威的心埋根源。有些时候，按照自己的想法行动确实会招致失败，但这样的失败会比听从他人指挥而获得的成功更让人痛快。

戴着镣铐跳舞

我们一直关注的是自由的这一方面：个人在现代社会中的孤立、无权力与不安全；个人挣脱了一度使生命有意义及安全的所有束缚。我们也已发现，个人不能忍受这种孤立。孤立的人与外界相形之下，变得完全无助，因此，非常害怕外界。由于他的孤立处境，对他而言，世界已失去了统一性，他不知如何适应这个世界。于是，他开始怀疑自己，怀疑生命的意义，最后，怀疑任何行为的原则。无助与怀疑麻痹了生命，为了求生，人试图逃避自由。他不由自主地又套进新的枷锁。这种枷锁与原始的约束不同，原始的约束还能给他一种安全感，而逃避自由并不能使人们复得已失去的安全感，仅能帮助他忘记他是独立的个体。

法国哲学家卢梭有言："人生而自由，却无往不在枷锁之中。"这个世界上从来都没有绝对的自由，一切的自由都要以不侵害他人的权利和自由为前提。而每个人都应尝试在这个前提之下，追求最大限度的人性解放和快乐生活。

积极自由的生存状态

何谓自我的实现？理想主义的哲学家曾相信，只要靠理性的内省，便可以获致自我的实现。他们坚持主张要分割人格，这样人性才能受理智的节制与引导。可是，这种分割的结果是：人的情感生活与智力都受到损害。由于理智成了监管人性的防卫兵，理智本身也成了囚犯。于是，人格的两方面——理智与情感——都残缺不全了。每一个人都有这些潜能，唯有把它们表现出来，它们才能成为真实有用的。换句话说，“积极性的自由在于全部完整的人格的自发活动”。自发活动是人格完整的标志。（《逃避自由》）

出于自由意志的行为才是自发的行为。弗洛姆告诉我们，单凭理智的思考是不能实现自我的，只有理智与情感共同作用，并且更多地让情感先行，才能激发一个人的潜能。

爱别人，爱自己

以保留自己为根据，来把自己与他人合为一体。这种爱心的动态性质是由于它具有两个极相反的要素：一方面有铲除分离、趋向合一的需要，而另一方面则又不可毁灭个人的个性。除了爱心，另外一种要素则是工作。所谓工作，并不是指为了逃避孤独而强迫自己工作，也不是为了主宰自然而做的工作。笔者所指的工作是一种创造，借着创造的行为，人与自然合而为一。同样地，一切自发性行为均不例外，无论是感官愉快的实现，或参加社会的政治生活，一个人都必须肯定自我，而同时又与人类及自然合而为一。借着人类的自发行为，自由所带来的两个现象——个人之诞生及孤独的痛苦——便化为乌有了。（《逃避自由》）

不论是爱他人，还是努力工作，其共同点就在于能够让行为主体体会到自我存在的价值，即被他人、被这个社会急切地需要着。

发自内心的行为是自由的源泉

我们中的多数人至少可以在刹那间发现自己的自发行为，而就在这时，也是我们真正快乐的刹那时刻。当我们忽然间捕捉到大地风光的美丽时，当我们于思考之际，得到一些真理时，当我们领略到一种新鲜的感官愉快时，或者当我们对另外一个人不自禁地涌现爱意时——在这刹那间我们都知道，自发性行为是什么样的，我们可能发现到，如果这些经验不是那么罕有和纯真的话，人类的生活该是什么样子。……我们最感到羞耻的事莫过于，我们的所作所为不是我们自己想做想为的，而最令感到骄傲和快乐的则是，我们的所作所为是发自内心的。（《逃避自由》）

发自内心的行为，才是自由的根源。唯有借着我们的创造性活动，使我们与某件事情发生真正的关系，然后，那件事情才是属于我们自己的。唯有这些自发性活动才能给自我一种力量，才是实现自我完整的基础。

快乐在过程中

这就是说，关系重要的不在于结果，而在于过程。而在我们的文化中，所强调的正好相反。我们觉得可以用购买的方式，获得某一物质的或非物质的事物；因此这些事物虽然属于我们，却由于并非出于我们自己的任何创造努力而获致，所以，与我们没有什么关系。我们以同样的态度，把我们的人格特性及我们努力的结果视作商品，可以用来换取金钱、名誉及权力。于是现在人们所重视的，不是对创造活动的满足，而是制成的产品的价格。因此，人失去唯一可以给他真正快乐的满足感——当时活动的经验——而去追求幻象，可是当他以为捕捉到它时，他便会立即感到失望了。人们把这种幻觉似的快乐，称作成功。（《逃避自由》）

当你真的付出努力，用心去做一件事情的时候，你就会发现，结果如何已经对你不再重要，因为过程已经给了你自己想要的所有快乐和满足。

第四章

幸福的指针

在生活的某些时候，我们可能会突然感到无聊、孤独、困惑，渴望重新找到生活的目标，找到幸福的源泉，却又不知道该从何处入手：生活的复杂性往往超出我们的想象。

幸好，在人类历史的长河中，有一些伟大的思想家通过艰辛的探索，对我们感到无从入手的问题，给出了各种各样的分析和解答。或许，大师的某一句话会让我们怦然心动或会心一笑；或许，大师的某一段不经意的言语会击中我们内心深处最隐秘的渴望；或许，大师的箴言中隐藏的智慧之光会为我们驱散生活中的阴霾，让我们回归最初那种平和而纯净的心态。

在对二十世纪人类生存状况的分析和反思中，弗洛姆的研究是别具一格的。他从不做高深理论体系的构建，却在字里行间流露出一种平易近人的思想魅力。聆听弗洛姆的教诲，我们一定能够找到面对孤独、困惑、强权、无奈的方法，并最终寻得通往幸福的人生之路。

孤独是恐惧的根源

经历过孤寂的人必然会有恐惧感。实际上孤寂感是每种恐惧的根源。孤寂意味着与外界没有联系，不能发挥人的力量；意味着一筹莫展，不能把握世界、事物和人；意味着世界把我淹没，而我只能听之任之。所以孤寂是引起强烈恐惧感的根源，同时孤寂还会引起羞愧和负罪的感觉。（《爱的艺术》）

人是社会性动物。社会为人的生存提供了各种各样的寄托，使人得以逃离自己无法忍受的孤独，如和他人共事的机会、和他人相爱的能力等。因此，建立合理的与他人、与周围世界的关系，是战胜恐惧感、实现自我价值的必要条件。

爱的意义

男女在意识到自己和对方后，也就意识到了他俩之间的区别和距离，知道他俩属于不同性别。由于他们认识到他们之间的区别，所以他们就相互陌生起来，因为他们还没有学会去爱对方——亚当把责任推卸到夏娃身上，而不是试图为夏娃辩护这一事实就证明了这一点。意识到人与人之间的距离，而又没有通过爱去达到新的结合——这就是羞愧的根源，同时也是负罪和恐惧的根源。（《爱的艺术》）

古老的《圣经》启示我们，羞愧真正的根源是"意识到人与人之间的距离，而又没有通过爱去达到新的结合"。只有通过爱，我们才能弥合人与人之间的距离，才能实现人与人之间的相融与和谐。

美好的孤独

在一个孩子身上，“我”字几乎还没有形成。每个孩子都同母亲融为一体，只要母亲在他身旁，他就不会有孤独感。他的孤独感通过母亲的存在，同母亲的乳房和肌肤的接触而得到缓和。一直到孩子发育到产生孤独感和个性这个阶段，母亲的存在才不足以消除他的孤独感，他必须寻找其他的方法克服这种孤独感。（《爱的艺术》）

世界上的任何事情都有两面性，孤独也不例外。很多时候，孤独会让我们感到忧伤和恐惧，但实际上，孤独还代表着成长和独立，是我们长大成人的重要标志。

所以，不论事情如何地不尽如人意，只要我们愿意，就一定能从中发现令人愉快的积极面。

在人群中也会感到孤独

在今日的西方社会，同一组人结合仍然是克服孤独感最常用的方法。在这种结合中，参加者为了使自己属于这一组人而失去了大部分个性。如果我与他人完全一样，我的感情、思想与他人一致，我的衣着、习惯和看法都向这一组人看齐，我就可得救，就不会再经历可怕的孤独。（《爱的艺术》）

人通过与社会的结合来逃避孤独，但消除孤独必须以牺牲自我个性为代价吗？如果你通过抛弃自我个性的方式加入一个群体，那么你的孤独感并不会因为被更多的人包围而消失。要想真正地不再感到孤独，最好的办法就是充实自己的内心，做一个真正强大的人。

做个有个性的人

大多数人生活在一种幻觉中，以为自己是按照个人的意愿行事，是具有个性的人，是经过大脑的思考形成自己的看法——他们认为他们的观点之所以和大多数人吻合纯粹是巧合罢了。他们甚至认为这正好证明了“他们”的观点是正确的。至于他们尚存的、希望自己有个性的要求则通过微不足道的东西得到满足：如在手提箱和毛衣上绣上自己名字的缩写字母；在玻璃窗口上挂上自己的名牌；参加一个政党或者一个学生联合会。“来点儿别的”这一广告口号证明了在一个几乎不存在个性的社会现实中，人们是何等地需要个性！（《爱的艺术》）

个性是一个人独特的身份标识，是人不被社会完全消融的独特之处。建立自己独特的个性是我们现代人最切身的要求，但是，如何能辨析什么是自己真实的“个性”，什么是被社会所要求的“伪个性”呢？弗洛姆告诉我们，反思意识的培养是建立个性的前提。

拥有财富并不是富裕

在物质世界范畴内“给”是财富。不是拥有财物的人是富裕的，而是给予他人东西的人才是富裕的。害怕受到损失的吝啬鬼，不管他拥有多少财产，从心理学角度来看，他是一个贫穷和可怜的人。愿意把自己的东西给予他人的人却是富有的，他感觉到自己是一个有能力帮助别人的人。（《爱的艺术》）

财富是一种归个人所有的私有物，就像一堆堆在仓库的货物，在流动起来之前，它的价值是无法得到实现的。只有将财富奉献出去，财富才能实现它的价值，而财富施与者也能因此将自己与其他人的生活联系起来，感受到自我存在的价值。

客观地认识他人和自己

我们对自己是一个谜，别人对我们来说也永远会是一个谜。全面了解人的唯一途径是思想上的认识，即心理学的知识是实现通过爱情达到全面了解的一个条件。我必须客观地去认识对方和自己，以便使自己能够看到对方的现实状态或者能够克服幻想、克服我想象中的被歪曲了的他的图像。我只有客观地认识一个人，才能在爱中了解他的真正本质。（《爱的艺术》）

认识自己是人类古老的梦想，同时也是实现自由的必要前提。缺乏对自我和他人的认识，人的行为就必然会处于盲目之中，就可能在幻想和想象中歪曲世界的本来面目。弗洛姆在这里告诉我们："只有客观地认识一个人，才能在爱中了解他的真正本质。"

生命价值不能市场化

有用的人和有用的物的精力和技巧都变成价值，这些价值根据市场的条件自愿公平地进行交换。譬如说鞋，一旦市场上无人问津，即使鞋本身是有用和必需的，也会失去任何经济价值（交换价值）。人的力气和技巧亦是如此。资本的拥有者可以购买劳动力，并命令劳动力为其资本的有利投资而劳动。劳动力的拥有者必须根据当时的市场条件出售其劳动力，才不至于挨饿。这种经济结构体现在价值的高低级别上。资本统治劳动力，无生命的物体要比劳动力、人的才能和一切有生命的物体价值高。占有要高于存在。（《爱的艺术》）

如果一个人生活的全部，他的价值、他的生存、他的感情全都市场化了，那么他就完全成为了资本的奴隶，其生命价值也就成为了一种资本统治的工具。或许我们需要必要的金钱来维持我们的日常生存，但是，我们必须要记住，金钱不是生命的目的，不是生命中的一切东西都可以用金钱来交换。

我们的出路在哪里

我们看到资本主义发展的结果是资本不断集中。大企业不断地扩大，而小企业越来越受排挤。在大企业中，资本的所有权越来越同资本的管理权分开。几十万股票持有者是企业的占有者。管理企业的则是管理官僚阶层，他们虽然薪俸甚高，但企业并不属于他们。这些官僚不仅对获取大量利润感兴趣，而且也热衷于不断扩大企业，从而不断扩大他们自己的权力。资本的日趋集中和强大的管理官僚阶层的形成也表现在工人运动的发展中。（《爱的艺术》）

弗洛姆告诉我们，无论在资本领域，还是在劳动力领域，个人的主动性都被官僚阶层的管理所取代。越来越多的人失去独立性，依附于所谓的权威。

你是否意识到自己的自由和独立思考权利在被蚕食呢？我们的出路在哪里呢？这些问题值得每一个人深思。

认识自己的生活

高度集中、分工严密的企业产生一种新的劳动组织，在这一组织中个人失去了个性，而成为机器中一个可以随时调换的齿轮。现代资本主义中个人的问题可以归纳如下：现代资本主义需要大批能在一起协调工作的人。这些人对消费的需求越来越高，但他们的口味是标准化的，既容易受到控制，又能预测。现代资本主义需要的人是一方面能感觉到自己是自由和独立的并相信自己不屈服于任何权威、原则和良心，另一方面他们又准备执行命令，完成别人交给的任务，服服帖帖地进入社会这部机器中去，规规矩矩地听人摆布，自愿服从领导，盲目地受人指挥——只有一个例外，那就是他们要不遗余力地干活，永远地发挥作用并力争晋升。（《爱的艺术》）

弗洛姆描述的忙碌而无奈的工作状态，是否也正是你现在的工作状态呢？是否要做出改变，做出怎样的改变？每个人都会有自己的选择，而在做出选择之前，更重要的是要对自己的生活和工作状态有清醒的认识。希望弗洛姆的这段话能启发大家停下来，细细审视一下自己当前的生活和工作状态。

日子不是你以为的那个样子

人与人之间的关系从本质上来看是互为陌生的，是自动化机器之间的关系，其安全感的基础就是要想方设法靠拢一群人，在思想、感情和行动中同这一群人保持一致。虽然每个人都努力同别人接近，但实际上都是孤独的，充满了不安全感、恐惧感和负罪感。只要人与人之间的隔膜得不到消除，这种感觉就会不断出现。但我们的文明提供了各种可能，使人们感觉不到这种孤独。这首先就是人们每天都重复着千篇一律的僵化的机械性工作，这种工作秩序使他们不再自觉地感到人追求超越和统一的基本要求。（《爱的艺术》）

或许，同人群保持一致或者沉迷于消费是逃避孤独和绝望的好办法。但是，这是否是我们内心最真实的需求呢？找个时间，停下手头的工作，关掉一切电子设备，就那么静静地审视一下自己的生活吧。或许你会发现，日子并不是你以为的那个样子。

我们的幸福真实吗?

事实上,现代人很像休克斯勒尔在他的《美丽的新世界》一书中描绘的那副样子:“营养充分,穿戴讲究,性欲得到满足,但没有自我,与他同时代的人也只有表面的接触。”现代人的宗旨正如休克斯勒尔简明扼要地总结的那样,是“今朝有酒今朝醉”或者是“今日,人人幸福”。现代人的幸福就是享受,就是满足消费和同一群人同化的要求。他们消费商品、图片、食品、饮料、香烟、人、杂志、书籍、电影,真是无所不有。(《爱的艺术》)

感官上的享乐只能带来片刻的欢愉,一朝酒醒必将陷入更深的空虚。如何寻求更为真实的幸福呢?弗洛姆没有给我们指出具体的出路,但是有一点很清楚,那就是要想追求真实的幸福,必须先勇敢地面对实实在在的现实生活,即使它并不美好。

不同时代有不同的社会品格

社会品格是一种特殊的心理能量结构。……一个以攻击和抢劫其他部落为生的原始部落成员，必须具有勇士的品格以及好战、杀人和抢劫的激情。而一个和平的农业部落的成员，必须具有反对暴力以求协作的意愿。封建社会的性质只要求其成员具有屈从权威以及尊敬和钦慕优胜者的心理。资本主义的性质只要求人们渴望工作、遵纪守时，要求人们把主要兴趣集中在挣钱上，生活的根本原则是谋取生产和交换结果的利润。19世纪的资本主义要求人们勤俭节约，20世纪中期的资本主义要求人们热衷于消费和享受。社会品格是人类能量作为一种生产力在社会过程中所使用而形成的某种形式。（《人的呼唤——弗洛姆人道主义文集》）

一种良好的社会品格是一个社会稳定的基础，而社会品格的形成与社会大环境密不可分。所以，当我们抱怨这个社会信任缺失的时候，也应该想一想，我们自己是否也是导致这种社会品格产生的原因。

性格是如何形成的

社会品格通过对某一社会各种有效的影响工具——社会的教育系统、宗教、文学、歌曲、社会的娱乐、习俗以及父母培养子女的方式——得到加强。尤其是父母培养子女的方式十分重要，因为个人的品格结构，相当程度上是在他们5岁或6岁时的生活中形成的。正如传统的精神分析家所相信的那样，从本质上说父母亲的影响不是个人的或偶然的。父母亲是最早的社会代理人，他们既通过自己的品格又通过自己的教育方法来影响子女。（《人的呼唤——弗洛姆人道主义文集》）

正因为社会品格如此重要，所以在我们成长的过程中，我们对社会品格如何塑造我们的个体精神结构就必须保持高度重视。特别是在孩子的成长过程中，如何能正确地培养其社会性格，使他能够和谐融洽地进入社会，不至于陷入对“社会性”的恐惧，从弗洛姆的话中，我们或许能获得某些启发。

塑造自我

为什么一个社会能成功地获得绝大多数成员的忠诚？即便他们在某一社会制度下遭受痛苦，以及他们的良知告诉他们自己的忠诚对自己并不利。……这类问题的答案存在于社会品格的现象之中。一旦某一社会成功地以个人喜欢做什么就去做什么这样一种方式来塑造普通人的品格结构，那么，人们就会对社会加诸他的各种条件感到满意。恰如易卜生笔下的一个人物曾经说过的：他能做他想做的事，只是因为他想做他能做的事。无须赘述，这种满意于屈从的社会品格是一种畸形的品格。（《人的呼唤——弗洛姆人道主义文集》）

人类性格的可塑性是非常强的。如果有意识地进行自我塑造，那么我们可能会成长为一个社会中的佼佼者。如果被动地让社会品格来塑造我们，我们就只能成为一个听命于社会的平庸者，而且还可能被权威者所误导。弗洛姆就是要提醒我们："屈从的社会品格是一种畸形的品格。"

不能被动地忍受自己的命运

人只有充分施展他的力量才能解决他的存在问题。一个社会愈使人变得畸形残缺，人自身就愈加病弱不堪，即使他可以有意识地忍受自己的命运。但是，从无意识上讲，他是不会甘于忍受的。而且正是这种不甘忍受本身成为了一种最终导致他去改变使他畸形的社会制度的因素。如果他不能这样做，那么，他所处的某一特定的病态社会就不会消失。社会变革和社会革命不仅由与旧的社会组织形式相冲突的新的生产力所引起，而且也由非人的社会条件与不可变更的人类需要之间的冲突所引起。人几乎能对人做任何事情，但仅仅是几乎而已。人类为自由而斗争的历史便是这一原则最有力的证明。（《人的呼唤——弗洛姆人道主义文集》）

听别人的话，屈从社会对我们的塑造，不思考，不反抗，这是最安全、最省力的生活方式。但是，这样的日子，你会真心感到快乐吗？命运从来都不是用来顺从的，而是用来改变的。

别做物质的奴隶

消费人是这样一种人：他的主要目标首先不是拥有物品，而是不断地消费，以此去填补他那消极、孤独和焦虑的内心空虚。在一个由大企业、大工业、政府和工人贵族把持的社会里，个人不能控制自己的工作环境，他感到软弱、孤独、厌烦和焦虑。同时，通过广告这一中介大量推销工业品而谋取利润的需要，又将人变成了贪得无厌的人，他是个永无止境的消费者，把烟、酒、两性关系、电影、电视、旅游，甚至教育、书籍和演讲等一切东西都变成了消费的项目；并且创造了许多新的人为需要，人的趣味也受到控制。（《人的呼唤——弗洛姆人道主义文集》）

政治家陶铸曾说："一个精神生活很充实的人，一定是一个很有理想的人，一定是一个很高尚的人，一定是一个只做物质主人而不做物质奴隶的人。"但遗憾的是，在当今社会，弗洛姆所说的"消费人"越来越多，陶铸口中的"精神生活很充实的人"却越来越少了。

如何才能幸福

贪婪地谋取、占有和牟利成了工业社会中每一个人神圣的、不可让渡的权利。财产的来源是无关紧要的，财产所有者也不需因占有而承担任何责任。总的原则是：“我采取什么办法，从哪里获得财产以及如何处置自己的财产乃是我个人的事，与他人无关。只要我不违反法律，我的权利就是不受限制的、绝对的。”这种财产可以称之为私有财产，因为拥有财产的人成为财产的唯一主人，他（或他们）有充分的权力去剥夺别人对这一财产的使用权或享受权。（《占有还是生存》）

以为拥有更多的财产就能获得更大的幸福，这是很多人都会犯的错误。教育家徐特立说：“一个人有了远大的理想，就是在最艰苦的时候，也会感到幸福。”法国文学家罗曼·罗兰说：“一无所有的人是有福的，因为他们将获得一切！”可见，幸福的感受和很多东西有关，唯独和物质的关联不大。

人要学会怀旧

在讨论财产的时候，我们必须说明，19 世纪所盛行的那种拥有财产的重要形式在第一次世界大战之后的几十年中逐渐消失了，今天已很少见。过去，每一个人都十分珍惜、爱护自己所拥有的每一样物品，用到不能再用为止。购买物品实际上是为了“保存物品”，19 世纪的一句口号是：“老的东西好！”今天，人们强调的是消费，而不是保存，购买物品的同时在不断地“扔掉物品”。无论人们买的是一辆汽车、一件衣服还是一个小玩意，在使用了一段时间以后，主人就会讨厌它并想抛掉“旧的”，购买最时髦的东西。获得——短暂的占有和使用——扔掉（如果有能力并且合算的话，便换成一样更好的时髦货）——再获得，构成了消费者采买商品的恶性循环，所以今天的口号可以说是：“新的东西好！”（《占有还是生存》）

收藏过去就是收藏我们自己的生命。懂得珍惜过去的人才能更好地走向未来。

回归最本真的快乐

今天的消费者购买商品最突出的例子也许是私人小汽车。我们的时代名副其实地可称为“汽车时代”，因为我们的整个经济都是以汽车制造为中心，我们的全部生活在很大程度上也取决于汽车消费市场的兴衰。对于那些拥有汽车的人来说，汽车似乎成了不可或缺的必需品；而在那些没有汽车的人，特别是所谓的发展中国家的人民看来，小汽车成了幸福的一种象征。……但是，在所有者与其汽车的关系中，存在着非个人化的因素。这辆汽车并不是主人所喜欢的一个具体的对象，而是表明地位的一种标记，是权力的延伸——一位自我的创造者。（《占有还是生存》）

“良田万顷，日食一升；大厦千间，夜眠八尺。”（明·《增广贤文》）当我们不再用物质证明自己的存在，不再用财富填充自己的空虚的时候，我们的生活就能回归最本真的快乐和幸福。

年轻人才有的追求

这些年轻人长途旅行，经常遇到艰难险阻，听自己喜欢听的音乐，游览自己所向往的地方，拜访自己想见到的人。至于他们的目的是否如他们自己所认为的那样有价值，这无关紧要。尽管他们不够严肃，准备不足，或者不那么专心致志，但是，这些年轻人敢于尝试，不期望得到什么回报或拥有什么东西。虽然他们往往在哲学上和政治上显得天真幼稚，然而，他们却比年长的一代真诚得多。他们不会为了成为市场上令人满意的“商品”而成天打扮和修饰自我，他们也不会有意或无意识地通过不断地撒谎来维护自己的形象，更不会像大多数人那样把精力耗费在压制真理上。（《占有还是生存》）

真诚、乐观、不贪图、不占有、不求回报，热衷于在探索的过程中发现乐趣，每一个人在年轻的时候大概都有过这样的经历吧。只希望正在年轻的人，不要在世俗中渐渐忘掉曾有的追求和坚持，就像其他曾经年轻过的人一样。

反抗的力量

按照其自然本性成长，这是所有生物的共同趋向。因此，我们对想阻碍我们按自己的结构去成长的任何企图都加以反抗。为了粉碎这种反抗（这种反抗可能是有意识的，也可能是无意识的），需要有物质上和精神上的暴力。无生命的物体在不同的程度上抵抗对其物理构成的改变，这种改变是由其原子或分子结构内在的能所造成的。但是，如果有人使用它们，它们则不会反抗。运用这种不自治的暴力去反对生物（即给我们施加的压力，以便使我们走上违反我们的结构和有损于我们成长的道路）会引起多种反抗，公开的、有效的、直接的、积极的反抗，或间接的、无效的和往往是无意识的反抗。（《占有还是生存》）

白居易曾感叹："羔羊口在缘何事，暗死屠门无一声。"（唐·《禽虫十二章》）这与鲁迅的"哀其不幸，怒其不争"（《孔乙己》）有异曲同工之妙，都是在哀叹国人逐渐丧失的反抗精神。扪心自问，今天的我们还有反抗精神吗？

被“暗算”的生活

婴儿、儿童、青年和成年人都无法自由和自发地表达自己的意志，他们对于知识和真理的要求和爱慕的愿望都受到了限制。正在成长着的人被迫背弃其大部分自主的、真正的愿望和兴趣以及自己的意志，接受并非他自己的，而是由社会的思想和感情模式强加给他的某种意志、某些愿望和情感。社会和家庭作为其心理上的媒介，有一件难办的事要解决，即我怎样破坏一个人的意志而又不使他察觉？通过一种复杂的灌输过程，借助一套奖罚系统和相应的意识形态，这项工作大体上得到圆满完成，以致大多数人都以为自己是按照自己的意志在行事，而没有意识到这一意志是有条件的，是被操纵的。（《占有还是生存》）

生活在消磨着我们的意志，世俗在侵蚀着我们的反抗精神，所以，趁着年轻，听从内心的声音，做自己真正想做的事情吧。否则，我们就很可能成为温水里的青蛙，过着被社会和世俗“暗算”的日子，却不自知。

幸福的定义

重占有的生存方式和以财富与利润为目标的价值取向必然会产生对强力的要求，即对强力的依附性。为了要控制某一生物，粉碎它的反抗，必须要运用暴力。财产私有制要求某种强力的存在，以防备那些想要夺走我们财产的人，因为他们和我们一样，在拿取方面从来没有足够的时候。想要拥有私人财产的意愿会唤起我们使用暴力公开或悄悄地掠夺他人的意愿。在重占有的生存方式中，对于一个人来说，幸福就在于他能胜过别人，在于他的强力意识以及他能够侵占、掠夺和杀害他人。而在重生存的生存方式中，幸福就是爱、分享和奉献。（《占有还是生存》）

幸福是什么？相信每个人心中都有不同的答案，而这答案可以直接反映一个人的素养和一个社会的发展水平。当人们不再以腰缠万贯为荣、不再以尔虞我诈为乐的时候，一个社会的幸福模式就此开启。

做自己，爱他人

当然，人们可以充分地谈论我，谈论我的性格以及我的整个人生观。不过，这种深刻的认识能够大大有助于理解和描述我自己的或别人的心理结构。但是，整个的我、我的全部个性和我本身就像我的指纹一样是独一无二的，永远不可能被人彻底理解，即便是通过移情作用也不行，因为世界上没有两个人是完全相同的。只有在有生命的双方相互发生关系的过程中，他人和我才能消除这种隔离的障碍，因为我们俩都在生命的舞台上扮演角色。但是，我们永远也不可能达到两人之间的完全同一。（《占有还是生存》）

每个人都是独一无二的，都具有自己独特的品质。生命的目的不在于将自己的独特品质消融在社会中，而是要在努力保持自我个性的同时，怀着包容的心态去了解他人。

安慰人的最佳方式

主动，意指表现一个人的能力、才干和天赋——每个人生来都拥有这一切，只不过程度不同而已。主动也意指自我的更新、成长、才华横溢、爱、超越孤立的自我的束缚、对一切感兴趣、能听取他人的意见以及富有牺牲精神。然而，所有这些体验并非语言所能充分表达的。语词只不过是满载着人的体验的容器，但人的体验往往会溢出这些容器。因此，语词虽指某种体验，却不是体验。正当我想用思维和言语来表达我所体验到的一切的时候，这种体验就消失了。它枯萎了，它仅仅是一种无生命的、纯粹的思维。由此可见，存在是无法用语言来描述的，只有那些与我的体验相同的人方能理解它。（《占有还是生存》）

安慰一个伤心人最差的方式就是对他说："我懂。"因为你不是他，你未曾经历，所以，你一定不懂。在这个时候，陪在他身边，什么也不说，静静地倾听，让他感受到你"愿意懂"而不是"不懂装懂"，才是最大的安慰。

过程里才有的快乐

现代意义上的主动（activity）是指行为而不是指以某种方式行为着的人。而对一个活动着的人，不管他是像奴隶那样受到外在强力的逼迫，还是出于恐惧迫不得已，都不曾加以区分。作为一位木匠、一位具有创造性的作家、一位科学家或是一位园丁，他们对自己的工作是感兴趣，还是与他们所从事的活动没有任何内在的关系，或像流水生产线旁的工人和邮局职员那样，他们从其工作中并没有得到满足，这一切都是无所谓的。（《占有还是生存》）

现代人的“主动”多是目的性的，而不是一种积极的创造性活动。他们不关心过程中的乐趣，只在乎结果的价值。但实际上，如此功利性的行为又怎么可能带来真正让人开心的结果呢？因为任何结果都难以满足他们无限膨胀的欲望。

强迫症的奥秘

在心理病理学领域，异化活动一个最明显的病例就是强迫性神经官能症。具有这种症状的病人总是在内心的压力下去做违反自己意志的事，比如说，数台阶、重复一些语句或者按照一定的个人仪式行事。为了达到某一目的，这种人会极为“主动”，但是正像心理分析研究令人信服的结果所表明的那样，他是在受一种自己没有意识到的内在力量所驱使。（《占有还是生存》）

生活中，我们常常用这种强迫症似的行为方式来确保自己或家人的安全。虽然心理上的诉求是美好的，但我们也不得不认识到这种方式反映出我们内心的脆弱和无助。

创造性的活动方式

“创造性”在这里的意思不是说造就某种新的、独创的东西。这个概念与我们所说的艺术家和科学家的创造能力（creative）不是一个意思。一幅绘画作品或一篇学术论文可能是非常没有创造性的，也就是说没有思想和乏味的。另一方面，如果他极清楚地意识到自己内心的过程，如果他真正“看见了”一棵树而不是望了几眼，如果他读一首诗而感受到了诗人用语言所表达的情感，那么他的这一过程即使什么也没“创造”，仍然是创造性的。创造性的行动表示内在活动的状态，这并不一定要生产出某种艺术和学术作品或某种有用的东西来。（《占有还是生存》）

弗洛姆所说的“创造性活动”更多的是指一种思考方式。正如德国戏剧家贝尔托·布莱希特所说：“思考是人类最大的乐趣。”思考可以让我们发现未曾发现的新事物，把阅读来的东西变成我们自己的思想感悟，而这一切对于我们生活的意义远超过创作出什么具体的东西。

分享的快乐

这一情况不仅使人们没有必要再去争吵，而且会使人深刻地体验到一种人的幸福——分享的快乐。把人紧紧结合在一起的（但他们的个性不受到限制），是他们对某一个人共同的倾慕、爱，一种思想、一首乐曲、一幅油画、一种礼仪也可以把人们联结起来，他们甚至可以去分担痛苦。这样一种体验会使两人之间的关系变得生动并得以保持下去，而这就是一切伟大的宗教、政治和哲学运动的基础。当然，只有当个人是在真正地爱和赞美时才会这样。（《占有还是生存》）

弗洛姆告诉我们，真正的快乐是分享的快乐，而不是占有的快乐。因为，当你占有一件东西的时候，你只能一个人默默地高兴，鲜有人会真心实意地和你一同感到快乐；而当你和他人分享一件东西的时候，快乐也会被分享，你能感到的快乐将会是一个人独享时的数倍。

人生的目的在于快乐而非享乐

快乐和享乐之间有着显著的区别，特别是就重占有和重生存这两种不同的生存方式而言。这种区别并不易于理解，因为我们生活在一个“没有快乐的享乐”世界之中。什么叫享乐？人们使用这个词的方式是不一样的，但是按照通常的用法，我们最好是把这一词理解为某种欲望的满足，为了满足这一欲望并不一定需要人的积极主动性（即生动、有活力）。这种享乐也会是极大的享乐：在社会上获得成功，挣更多的钱，中了彩票，通常的性享乐，尽情地吃，赢得一场赛马赌博，酒精饮料、毒品以及神志不清所带来的那种快感，虐待心理的满足或杀人、肢解生命的欲望的满足，等等。为了富有和出名，当然要十分积极才行，这里所说的积极是忙碌的意思，而不是那种“内心的生产、创造”。目的达到了，那他可能会感到兴奋或者一种“深深的满足”，他觉得自己已经到达了顶峰。什么样的顶峰呢？可能是兴奋的顶峰、满足的顶峰，或者一种朦胧状态或纵欲状态的顶峰。（《占有还是生存》）

弗洛姆的意思很清楚，享乐是欲望的满足，快乐却是精神的愉悦。享乐主义更容易使我们的生命被欲望所控制；而只有发自内心的愉悦，才是真正的幸福。

快乐是一种创造性活动

极端享乐主义者的享乐、不断去满足新的欲望以及我们今日社会的娱乐行业，只会使我们的神经受到不同程度的刺激，不会使人的内心充满快乐。一种没有快乐的生活又迫使人去寻求新的、越来越富有刺激的享乐。……快乐是伴随着创造性活动而产生的。它不是某种在达到顶点之后就戛然终止的“体验高峰”，而是一个高原，是伴随一个人创造性地发挥自己的能力而出现的一种情感状态。快乐不是极度兴奋，不是瞬时即熄的火焰，而是生存本身所具有的持久的炽热。（《占有还是生存》）

快乐是一种细水长流的内心满足，享乐是一种戛然而止的感官刺激。所以，不论面对怎样的磨难，快乐的人都会保持内心的乐观和愉悦；而对追求享乐的人而言，刺激过后遗留下的只有无尽的空虚和悲伤。

死亡是再自然不过的事

前面已经说过，假如人的安全感是建立在他所占有的东西基础之上，那么他也不可避免地要害怕失去这些占有物。此处，我想进一步谈谈这一点。让人不依恋财产从而也不怕失去什么似乎能够做到，但是，让人不害怕失去生命、不怕死是否也能行呢？所有的人都害怕死吗？或者说，只有老人和病人才怕死，是不是说，我们知道自己总会死的，而这种认知将成为我们一生的负担？是不是说，因为年纪和病痛的缘故，我们距生命的终点越近，对死亡的恐惧也就越大，越能清楚地意识到这种恐惧？最明显的实例大概就是人追求永生不死这种根深蒂固的愿望，如旨在保存人的躯体的那些习俗和信仰都体现了这一愿望。要想真正克服这种恐惧心理，途径只有一条。佛、耶稣、主张清心寡欲的斯多葛主义者都给我们指明了这条道路：不要死死地抓住生命不放，不要把生命视为一种财产。（《占有还是生存》）

死亡是自然法则中的一条，过分地看重它源于对生的贪恋。一旦将它同自然一样看作是一种自然规律，内心便会坦然。

佛家有语：“所行非常，谓兴衰法，夫生辄死，此灭为乐。譬如陶家，埏埴作器，一切要坏，人命亦然。如河驶流，往而不返；人命如是，逝者不还。”死亡就像陶器损坏、河水流逝一样，是再自然不过也无法改变的事情，坦然面对就好。

超越时间

人无法长生不老，因为人是会死的，他逃脱不了时间的安排。日夜的更替、睡与醒、成长与衰老以及通过劳动来维持生命和保护我们自己的必然性，所有这些因素都迫使我们尊重时间，只要我们想要活着——我们的躯体要求我们活着。尊重时间是一回事，屈服于时间是另一回事。在重生存的生存方式中，我们尊重但不屈服于时间。假如重占有的生存方式占主导地位，那对时间的这种尊重就会变为屈从。在这种生存方式中，不仅物成为“物”，而且所有有生命的东西都会成为物。在重占有的生活方式中，时间是我们的主人。在重生存的方式中，时间的君主地位被废黜了，它不再是统治我们生活的专制君主。（《占有还是生存》）

在现代社会，我们更多地成为了时间的奴隶，我们不断地节约时间、追赶时间，却又会在偶尔停下来的时候被无尽的空虚包围。人生短暂，把宝贵的时间用在真正值得的地方才能尽享快乐且无悔的一生。

向常识和舆论发起挑战

我想在此十分明白地指出，心理分析学说的某些发展趋势中蕴含着巨大的危机。人们在批判弗洛伊德思想体系的某些错误之时，会把他的学说中最有价值的东西，连同他的错误，一起丢掉了。弗洛伊德的科学方法、他的进化观念，以及他认为无意识是一种真正的非理性力量，而不是一大堆错误思想的看法，都是极有价值的。此外，还有着这样一种危机：心理分析正失去弗洛伊德思想的另一个重要特征——向常识和舆论挑战的勇气。（《健全的社会》）

真正取得成就的人，必定是在见识和勇气上超出常人的人。只有用怀疑的眼光审视所谓的常识和公众舆论，我们才能形成自己的独立思考。但是，弗洛姆告诉我们，挑战不是一种无知者无畏的盲目发难，而是在理性思考基础上的继承和超越。

人类的需求

动物只要满足了生理需要——饥饿、干渴与性的需要，它就满意了。人既然也是动物，也必然有这些需要，也同样必须得到满足。但是，他既然是人，只满足本能需要并不能使他完全快乐，这些满足甚至不足以使他健全。（《健全的社会》）

人类与动物的区别在于，他永远不会只满足于动物性本能的需求，而是更加渴望精神上的富足，希望被肯定、被尊重、被关注。这也提醒了我们应该如何对待他人，即使是一个普普通通的人。

放下即是拥有

我们大概都有过这样的经历：要去会见一位名人或一位个人气质非常好的人；或者去见一个人，我们期望从他那里得到一份好的工作或爱和赞扬。在这种情况下，许多人都变得紧张不安，并为这样重要的会见做准备。他们总在考虑哪些问题会使那个人感兴趣，他们预先计划好怎样开始这场谈话，一些人甚至单方面地列出谈话的提纲。……一句话，他心里在估价着自身的价值，并以此为根据，在谈话中亮出他的商品。如果他做得很巧妙，那他的确会赢得许多人的注意，但这不完全是因为他的表演，更主要的是由于大多数人缺乏判断力。如果手法不太高明，那他不仅不会引起别人的兴趣，而且会显得笨拙、做作和令人乏味。而不做任何准备、不夸耀自己、所做出的反应都是自发的和创造性的人，他的举止行为与前一种人是截然不同的。（《占有还是生存》）

佛说："放下即是拥有。"有一则小故事是这样说的：一个孩子把手伸到花瓶里，怎么也拿不出来了，妈妈只好把花瓶敲碎，却看到孩子的手紧紧地攥成一个小拳头，手心里有一枚一角硬币。正是因为孩子把手伸进花瓶取硬币，拿到硬币之后把手攥成拳头，所以手才被卡在了花瓶里，为此，妈妈敲碎了一个价值三万元的花瓶。

很多时候，我们会为了一个微不足道的东西而不惜舍弃真正有价值的东西。比如，我们会为了迎合他人而放弃做最真、最美的自己。

交谈的乐趣

“重占有的人”依赖于他所有的东西，而“重生存的人”则相信他的存在这一事实，相信自己是活生生的人，相信只要敢想敢干和敢于做出回答，那就会产生新的东西。在谈话中，他生动活泼，因为他不必因为心怀恐惧地去吹嘘自己所占有的东西而将自己窒息。他的这种生动活泼的气质具有感染力，另一方会因此而克服自己的自我中心心理。这样的交谈就不再是一种商品（信息、知识、地位）的交换，而成为一种对话，至于谁对谁不对也不起什么作用了。他们这一对开始一起跳舞，他们不会带着胜利感或者失败感而分开，因为胜负感不会带来任何东西，他们心中充满着欢乐。（《占有还是生存》）

自由的交谈才能带来真正的快乐。如果在交谈中隐含着各种目的，那必将导致交谈的功利化，使整个交谈成为一场虚以委蛇的暗斗，其趣味性也就消失殆尽了。

读书不能“看热闹”

如果去读一种毫无艺术性的廉价小说，那无异于白日做梦。对小说所做出的反应也绝不会是创造性的。读这种小说就像观看无关紧要的电视节目，或者像吃炸土豆片，人们可以一边看节目一边心不在焉地将炸土豆片吃下去。在读巴尔扎克的小说时，读者能够采取一种创造性的态度，会在内心产生共鸣，也就是说以一种重生存的方式去读。然而，大概多数读者在读这种好书时也采取一种消费者式的态度，也就是说，以一种重占有的方式来读。因为这部小说激起了他的好奇心，他想要了解故事的情节，想知道主人公是死了还是活着，以及书中描写的那位姑娘是否被诱骗了。在这种情况下，小说好像只是前奏，它使读者兴奋，而悲惨或幸福的结局才是高潮。当他知道了结局之后，也就占有了这个故事，这好像就是他的亲身经历。但是，他从中并没有获得知识。对人的本质的理解没有因此而深化，对自己也没有什么新的认识，因为他只注意小说中的人物了。（《占有还是生存》）

读书的意义在于它能激发读者的想象力，提升读者的思考能力。在这一过程中，“读者由他自己的见识和经验所贡献的分量，是和作者自己一样多的”（林语堂《读书的艺术》）。北宋理学家程颐谈到读书时说：“今人不会读书。如读《论语》，未读时是此等人，读了后又只是此等人便是不曾读。”

如果我们的阅读只以占有故事情节为目的的话，势必导致阅读的庸俗化，无法从中获得任何创造性的启发，读再多的书也还“只是此等人”。

别做“好学生”

读者们在读有关哲学和历史方面的书籍时采取的那种方式方法，或者说有什么坏习惯，都是教育的结果。学校努力将一定数量的“文化财产”传授给学生。然后，在学业结束时给学生出具一张书面证明，证明他占有了文化财产中的极小的一部分。因此，学校教给学生读书的方法，都是为了使他们能够复述作者的主要思想。谁能够最准确地重复一位哲学家所说的话，那他就被视为“优秀的学生”，他就像是博物馆中知识渊博的向导。可是，除了他所占有的这些知识之外，他什么也没有学到。（《占有还是生存》）

对一本公认的好书中的观点存疑，发现一本无人问津的冷门书的价值，这种埋性的思考方式比惊人的记忆力更值得称颂，这才是阅读的真正目的。

权威的合理性

在一个像我们这样的官僚统治和等级森严的社会里，许多人都运用权威，除了那些处于社会最底层的人以外——他们仅仅是别人运用权威的对象。……“权威”是一个广义词，它具有两种完全不同的含义，既可以是“合理的”权威，也可以是“不合理的”权威。“合理的”权威以能力为基础，它能帮助那些需要权威扶持的人成长起来。“不合理的”权威则是建立在权力的基础上，并用来剥削那些顺从于权威的人。（《占有还是生存》）

合理权威的合理性在于人们发自内心的认同，不合理的权威却要借助外在的财富、名誉、地位迫使人们对其认同。辨别权威的合理与否，需要我们具有足够的辨识能力和反抗的勇气。

权威以个人品质为基础

在最原始的社会中，即以狩猎和采集食物为主的社会中，被公认有能力完成这一任务的人方能获得权威。这种能力要具备怎样的品质，大多视特定的环境而定。一般地讲，包括经验、智慧、宽容、技能、风度、勇气。在许多部落里，永久的权威是不存在的，只有当人们需要的时候，才会出现某种权威。换句话说，在战争、宗教活动、调解纷争等不同的场合，存在着不同的权威。当权威赖以存在的各种品质消失或削弱的时候，权威本身也就不存在了。（《占有还是生存》）

真正的权威，往往具有超出常人的优良品质，能够获得其他人发自内心的尊崇。历史上的英雄人物、各行各业中的领袖人才，都有着与众不同的非凡品格。但是弗洛姆提醒我们，权威不是一成不变的，它与个人品质的变化和社会环境的改变息息相关。所以，我们应当尊重权威，但不可盲目迷信。

权威的榜样作用

存在型权威不仅以个人履行某种社会职责的能力为基础，而且以个人能实现自己的真正本质、使自己的个性达到高度成熟和完善的程度为基础。这种人只需要显示自己的权威，而没有必要去发号施令、威胁恫吓和营私受贿。他们是有高度觉悟的个人，他们以自己的存在，以人所能具备的一切——主要不是靠言行——来证明这一点。许多杰出的大师就是这样一些权威人士。（《占有还是生存》）

权威之所以能够让大家信服，正是因为他们能够完成很多我们无力完成的事情。如果自居权威，却并未在很多事情上做出表率，那么其权威性也就大打折扣了。

皇帝的新衣

国王——我们且借用这个称号来表示这类权威——可能是一个愚蠢的、堕落的或凶恶的坏蛋，换句话说，他根本就不具备成为一名权威的能力，但他拥有权威。只要他获得这个称号，人们就以为他具备了成为权威的各种品质。即使这位国王浑身一丝不挂，人们还是相信他穿着漂亮的衣裳。（《占有还是生存》）

当权威不再由头衔或财富决定，而是由学识和内在品质决定的时候，我们的社会就会向更加健康的方向发展了。

知识是穿透假象的武器

“知”意味着由表及里地去找出事物的根本原因和观看赤裸裸的现实。知不是对真理的占有，而是穿透表面现象批判地、积极地去接近真理。（《占有还是生存》）

与学习本身相比，学习能力更重要；与知道多少知识相比，探索和思考能力更重要。